民俗经典

婚丧杂谈

徐忱 ◎ 著

中国文史出版社

图书在版编目(CIP)数据

婚丧杂谈 / 徐忱著. -- 北京：中国文史出版社，2023.2

ISBN 978-7-5205-4141-1

Ⅰ.①婚… Ⅱ.①徐… Ⅲ.①婚姻-风俗习惯-中国
②葬俗-中国 Ⅳ.①K892.22

中国国家版本馆 CIP 数据核字(2023)第 110195 号

责任编辑：蔡晓欧

出版发行　**中国文史出版社**

社　　址：北京市海淀区西八里庄路 69 号院　邮编：100142
电　　话：010-81136606　81136602　81136603（发行部）
传　　真：010-81136655
印　　装：廊坊市海涛印刷有限公司
经　　销：全国新华书店
开　　本：720×1020　1/16
印　　张：13.75　　　字数：173 千字
版　　次：2024 年 1 月第 1 版
印　　次：2024 年 1 月第 1 次印刷
定　　价：49.80 元

目录

第一章　婚姻由来　　　　　　1

　　一、血族婚兄妹配偶　　　1

　　二、亚血族共夫共妻　　　6

　　三、对偶婚对偶同居　　　8

　　四、考验婚女娶男嫁　　　10

　　五、劫夺婚女居男家　　　14

　　六、个体婚一夫一妻　　　17

第二章　皇家婚礼　　　　　　20

　　一、唐朝皇帝纳皇后　　　20

　　二、宋代公主下嫁礼　　　30

　　三、清代皇子娶福晋　　　32

　　四、英国皇室大婚礼　　　38

　　五、日本皇室的婚俗　　　46

第三章　平民婚礼　　　　　　52

　　一、北京娘家备喜筵　　　52

　　二、杭州订婚叫传红　　　57

　　三、福州新娘带铜镜　　　64

四、营口家长拜天地　　69

五、非洲婚俗重家庭　　72

六、东欧婚礼重生育　　76

七、西欧婚礼重婚戒　　81

第四章　民族婚礼　　91

一、蒙族婚礼不离羊　　91

二、壮族婚俗特色多　　93

三、傈僳婚宴忌青菜　　95

四、佤族婚期秋收后　　96

五、彝族迎亲抢斗笠　　97

六、黎族婚俗有槟榔　　98

七、满族嫁妆枕头顶　　100

八、朝族婚仪共两次　　102

九、傣族白线拴新人　　103

十、苗族哭嫁最热闹　　104

第五章　名人婚礼　　106

一、孙中山与宋庆龄　　106

二、蒋介石与宋美龄　　108

三、张学良与赵一荻　　111

四、冯国璋与周夫人　　115

五、冯玉祥与李德全　　118

第六章　　皇家葬礼　　　　　　　　121

　　一、清光绪皇帝葬礼　　　　　121

　　二、清隆裕太后葬礼　　　　　124

　　三、裕仁天皇的葬礼　　　　　129

　　四、爱德华七世葬礼　　　　　132

第七章　　平民葬礼　　　　　　　　136

　　一、中国丧葬八步曲　　　　　136

　　二、日本骨灰要捡骨　　　　　142

　　三、菲律宾举债葬礼　　　　　145

　　四、韩国上房喊名字　　　　　147

第八章　　民族葬礼　　　　　　　　152

　　一、蒙古墓地无坟包　　　　　152

　　二、壮族报丧响地炮　　　　　154

　　三、彝族临终备祭羊　　　　　158

　　四、佤族死后做棺材　　　　　164

　　五、傈僳人生前试棺　　　　　167

　　六、基诺儿子剃光头　　　　　171

　　七、畲族盛唱白事歌　　　　　176

第九章　　名人葬礼　　　　　　　　182

　　一、孙中山的国葬礼　　　　　182

二、袁世凯的国葬礼　　　189

三、黎元洪的国葬礼　　　195

四、肯尼迪的国葬礼　　　203

五、贝隆夫人的葬礼　　　210

第一章　婚姻由来

婚姻起源于何时，没有定论。婚姻从何而来，也众说纷纭。芬兰社会学家、《人类婚姻史》作者韦斯特马克认为婚姻起源于一种原始习俗，他说："我相信，甚至在原始时代，一个男人与一个女人（或几个女人）生活在一起是一种习性，他们彼此发生性交关系，共同养育子女，男子是家庭的保护者和抚养者，女子则是他的助手和子女的养育人。这种习性首先由习俗所认可，继而得到法律的承认，并终于形成为一种社会制度。"

著名土家族学者、北京大学中文系教授向仍旦先生认为人类第一个婚姻形式是血族婚。从血族婚开始，经过走访婚、对偶婚、考验婚、劫夺婚，终于形成了一夫一妻制的个体婚。那么，什么是血族婚呢？

一、血族婚兄妹配偶

血族婚是以排斥氏族内部父子辈间的杂乱性交，实行同辈男女（兄弟姊妹）间的婚配为特征。中国古代神话传说里，记载了很多有关血族婚的故事。

伏羲女娲兄妹婚

伏羲，又称宓牺、庖牺、伏牺、伏戏、庖羲，是中国汉族人民信仰的祖先神。相传伏羲蛇身人面，居东方，为五帝中东方天帝。女娲，同伏羲一样，也是蛇身人面，亦是人类始祖。相传伏羲和女娲是兄妹，住在昆仑山上。他们的父亲是管理大地之神高比。高比的弟弟雷公，是治理苍天的神仙。

有一年，地上一户人家用狗头代替猪头祭祀雷公，雷公勃然大怒，扬言要给人类一些教训。当时正值农作物生长的季节，大地急需雨水滋润。雷公就施展神仙法术，让人间六个月滴雨未降，致使土地干裂、颗粒无收。

人们跑到高比家请求帮助。高比可怜大家，就悄悄偷来雨水洒向大地。雷公知道后非常生气，便欲用雷电之火雷劈死高比。不想高比有个专门对付雷公的秘密武器——鸡罩。这个鸡罩是用藤条编织，编法内含六爻八卦、十天干、十二地支、二十八星宿、六十四卦、三百八十四爻。编好的鸡罩法力无边，是雷公的克星。雷公不知高比有此神物，偷袭高比时，一不小心，被其用鸡罩活捉。雷公被关在鸡罩里，动弹不得，但他此时只要有一口水，就可以发出雷声，破解此机关，炸开鸡罩，逃之夭夭，可是上哪里找水呢？

第二天一早，高比出发去集市买香料，准备把雷公腌制成下酒菜。临行前，高比叮嘱伏羲和女娲，仔细看守雷公，千万不要给他水喝。

高比走后，伏羲和女娲兄妹俩就守在雷公旁，寸步不离。狡猾的雷公看到兄妹俩年纪小，涉世未深，便装出可怜的样子，打算骗些水喝。他的要求从一碗水变成一口水，伏羲、女娲兄妹俩虽然有些犹豫，但始终没有同意雷公的要求。最后，雷公可怜巴巴地说："侄儿、侄女，我快渴死了，求求你们，哪怕给我两滴刷锅水也行啊。"

四川合江张家沟二号墓出土石棺内的伏羲女娲图，女娲手中托月，伏羲手中托日，两神上半身为人形，下面为蛇身且相缠相交

兄妹俩一想，两滴刷锅水能有什么问题，便用刷子蘸了很少的刷锅水，拿给雷公。雷公接过刷子，贪婪地吮吸上面的水。喝了水后，原本萎靡、无力的雷公突然精神焕发。只见他微微一用力，就听轰隆一声巨响，鸡罩顿时四分五裂。雷公就这样逃了出来。

伏羲和女娲兄妹俩被眼前的突变吓得不知所措，害怕雷公对他们不利，就一步一步地往后退。雷公看出两人的心思，连忙表示感谢两人滴水之恩，并拔下一颗牙齿，交给兄妹俩，说："快拿去种在土地里。如果遇到灾难，你俩就藏在长出的果实里，可以保你们平平安安。"话音未落，雷公就升天而去。

高比回到家里，发现雷公已经逃脱，不禁大叫不好。他当天赶制了一艘大船，以防灾难从天而降。伏羲、女娲兄妹俩看到父亲在造船，便悄悄溜出去，依照雷公的吩咐，把他的牙齿种在了地里。

谁知刚种下去，地里就长出了新芽。到中午时，已经长出了叶子。傍晚，竟然开花结果了。第二天，果实长成了一个大葫芦。兄妹俩把大葫芦摘下来，用刀把葫芦劈成两半，掏出里面的葫芦籽后，俩人分别躺进一半葫芦里，大小正合适。

第三天，雷公的报复来了。只见风云突变，飞沙走石，暴雨从天而降。一时山洪暴发，洪水淹没了平原、丘陵。父亲高比钻进了大船，伏羲、女娲兄妹俩分别躺进了葫芦里。

洪水越涨越高，高比驾着大船一直到达天门。他用手敲天门，响声响彻天空。天神害怕，就命水神退水。顷刻间，雨止风停，洪水一落千丈，大地露了出来。大船瞬间从天而降，立马摔得粉碎，高比也摔死了。

葫芦落在了昆仑山上。兄妹俩从葫芦里出来，发现洪水后人类已经灭亡。他们埋葬了父亲，从此相依为命，生活在一起。两人辛勤劳作，日子过得无忧无虑。

转眼，两人长大成人。他们感到孤独，因为地球上没有第三个人和他们说话。伏羲想：如果他们俩都死了，那么这个世界就没有人类了。于是，伏羲提出与妹妹女娲结婚，繁衍人类。但女娲却不同意，说："我们是亲兄妹，怎么可以结婚？"伏羲说："如果我们不结婚，世界上就不再会有人类了。"女娲想问问天意，就决定占卜决定此事。

他们一共占卜了三次。第一次，伏羲、女娲在南北山上各点一堆火，如果两股烟升空后绞合在一起，就可以结婚。火烧起来后，烟很快绞合在一起。第二次，兄妹俩在南北两处山顶，往河谷地带滚石磨盘。如果石磨盘滚到谷底贴合在一起了，两人就可以结婚。结果石磨

新疆吐鲁番市火焰山乡阿斯塔那古墓群伏羲女娲雕像

盘滚到谷底后，贴合在了一起。第三次，女娲提出让哥哥伏羲追她，追到后，两人就可以结婚。于是兄妹俩绕树跑了起来。女娲机灵敏捷，伏羲追了好久都追不到。伏羲灵机一动，他追着追着，猛然一转身，气喘吁吁的妹妹女娲一头撞进哥哥伏羲的怀里，再也挣脱不了。于是，两人就结婚了。

不久，女娲生下了一个血红的肉球。夫妻俩觉得好奇，便拿刀将肉球切成小碎块，然后把它包起来，带上天梯。刚到半空，一阵大风吹来，把肉块吹得雪片般飞向大地。更让夫妻俩惊讶的是，这些肉块落到地上都变成了人。落到什么地方，就以当地事物名称为姓氏。就这样，世界上有了人类。

类似的传说在中国其他民族的神话故事里也有，比如湘西土家族的布所和霍尼兄妹成亲的故事、苗族盘和古兄妹成亲的故事、侗族姜良和姜妹兄妹成亲的故事等等。

血族婚带来遗传学上的恶果，人们开始转向亚血族婚。

二、亚血族共夫共妻

亚血族婚，也称族外婚。它排斥同胞兄弟和姊妹间的性关系，开始在其他氏族中寻找配偶。这时，父亲、母亲都是集体共有，客观上形成共夫共妻的关系。这个阶段，孩子们"只知生母，不知生父"。中国各民族有很多关于亚血族婚的传说。感天而孕是亚血族婚的典型传说，很多民族都有类似的神话故事。

女登见神龙生炎帝。女登，是有蟜（jiǎo，音脚）氏族的女儿，她与少典氏族通婚。一天，女登游历华阳，突见一条巨龙腾空而起，威猛异常。女登目视巨龙飞走，忽然感到体内异样，腹部渐渐隆起。众人连忙护送女登来到烈山石室，刚进室门，女登就生下了炎帝。炎帝生来人身牛首，头上有角，主火，有圣德。他出生三天就会说话，五天就能下地走路。女登在宝鸡九龙泉为炎帝洗澡，洗澡后，炎帝就乘一条青龙而去。

附宝遇神光诞黄帝。有蟜氏族的女儿附宝与少典氏族的男子通婚。有一天，附宝在郊外田间散步，抬头仰望星空。突然，一道万丈光芒出现在空中，像银蛇，似闪电，围绕北斗七星旋转不停。附宝看呆了，站在那里一动不动。谁知这道光芒忽然掉头而下，照在附宝身上。刹那间，附宝感觉好像有东西进入了她的体内，腹部开始涨大。不久，附宝生下黄帝。黄帝生来皮肤淡黄，额骨隆起，形似太阳。面部有龙的特征，手足似龙的爪趾。

感天而孕的故事还有很多，比如女节接大星而生少昊、庆都遇赤龙而生尧、握登见大虹而生舜、修己吞神珠薏苡而生大禹、扶都见白气贯月而生汤、女修吞玄鸟卵而生大业等。这些故事已经不再纠结于兄妹结合，而将婚配的对象扩大到氏族以外，这是典型的亚血族婚的表现。中国纳西族崇增利恩的传说也有典型的亚血族婚特征。

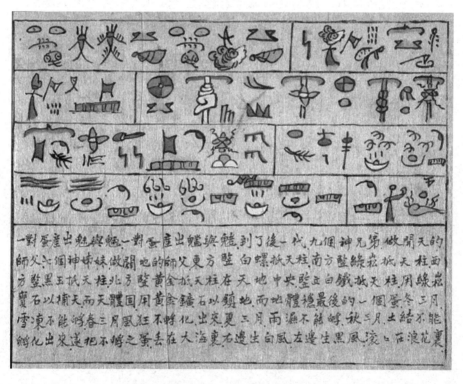

纳西族《创世纪》（东巴文、汉文对照）

远古时代，天地混沌，阴阳杂乱。终于有一天，"真和实"相配变成太阳，"虚与假"相配变成月亮。后来，日光经过多重变化而成为神鸡，神鸡孕生九对白蛋，由白蛋生出的九兄弟和七姐妹分别造出了天和地。山上的妙音与山下的白气交合，生出白露，露变海，海生海蛋，蛋中出来的是人祖恨矢恨忍，他的九世孙是晁增利恩。晁增利恩时期遭遇大洪水，全世界仅有他一人死里逃生。

晁增利恩与天神知劳阿普的女儿衬红里白一见钟情。衬红里白带着晁增利恩上了天堂，但父亲知劳阿普坚决反对这门婚事，而且意图杀害晁增利恩。知劳阿普有意为难晁增利恩，命他赤脚过刀梯、一昼夜砍伐完九十九片森林、一昼夜烧光所砍伐的树木、一昼夜在被砍伐的九十九片森林的地上撒下种子、一昼夜把撒下的种子再如数收回等。但知劳阿普万万没想到，晁增利恩是九位开天男神、七位辟地女神的族系，他是连翻九十九座山不知道疲倦、连穿七十七条深谷不需要歇息的族系后代，任何人都打不死，也不会被征服。当知劳阿普所有的伎俩都用完后，只好将女儿嫁给晁增利恩。于是，晁增利恩夫妻二人来到人间过着耕牧的生活。不久，他们就生下了恩恒三兄弟。三兄弟长大后，却不会说话。后来，经过祭拜天父天母后，三兄弟才开口讲话，但他们的话语却各不相同，大哥说的是藏语，后来发展成如今的藏族；老二说的是纳西语，并逐渐发展成纳西族；而老三则讲白语，而后发展成为白族。

后来，晁增利恩与衬红里白还分别和魔女、公猿发生婚配关系，这是典型的亚血族婚的特征，即不在自己氏族内婚配。

三、对偶婚对偶同居

对偶婚，是高于亚血族婚的一种婚姻形态，是由群婚走向个体婚的过程之一。它的主要表现是异姓同辈男女在一定时期内进行的个体对个体的同居生活。对偶婚的男女依然分别住在自己的母系氏族内，他们的婚姻关系因为没有经济联系，所以非常脆弱。但不同于之前的婚姻形式，对偶婚的一个最大特点是对生身父亲身份的确认。而最具对偶婚特点的莫过于摩梭族的阿夏婚。

摩梭族，生活在中国云南、四川交界处风光秀丽的泸沽湖畔，人口约有五万人，是历史非常悠久的少数民族。摩梭语中"阿夏"的意思是"亲密爱人"。阿夏婚，也称阿注婚、走访婚、肖波同居。阿夏婚的早期形式是阿夏异居婚，就是男女双方分别住在自己母亲的氏族里，"男不娶，女不嫁"。要完成一桩阿夏异居婚，须分四步走。

篝火晚会是摩梭族人走婚的一种形式

第一步，结交阿夏。田间劳作、上山放牧、赶集过节等场合，都是摩梭男女结交阿夏的好机会。男子遇到中意的女子，便会上前抢走她的毛巾、头帕或腰带。如果女子默许此行为，表示她同意结交阿夏。男女结交阿夏时，通常要经过双方私下或托媒人交换礼物来确定关系。礼物可以是随身的首饰、女子缝制的鞋垫和腰带、男子的围巾等。双方交换礼物后，两人阿夏关系正式确定。

第二步，暗中私会。阿夏婚初期，男子要避人耳目。夜晚，男子来到女方家屋外，按事先约定好的暗号，与女子沟通，进入女子家里。这时，女子家里的长辈和其他姐妹都会视而不见，不会干涉此事。两人在单独的房间内恩爱缠绵，直到清晨。

第三步，清晨分离。清晨，男子告别自己的阿夏，匆匆离去，返回自己家中。两人交往几次后，关系由秘密转向公开。

第四步，母亲确认。如果女子的母亲和母亲的姐妹们对她的阿夏表示满意，还会邀请他到家中的正房喝茶，表示承认两人的阿夏关系。男方初到自己的阿夏家，必须带上礼物。礼物基本上以日用品为主，如棉布、头帕、盐巴、茶叶、米酒等。女子则须回赠自己缝制的麻布裤子或腰带。

阿夏婚是母系氏族典型的婚姻形式，它有如下几个特点：

无约束。男女双方只要情投意合，就选择在一起过夜。这种交往可以是一夜情，也可以是终身伴侣。双方合则聚，不合就散，没有任何负担。

无住所。男女双方过夜时，一般选择在女子的房间或野外其他地方，两人并无固定的住所。

无责任。男女双方只是保持临时的性关系，男子对将来出生的孩子无须承担父亲的责任。孩子一般由女子的氏族集体抚养成人。如果女方没有特殊要求，男子无须在女子家干活劳动。

四、考验婚女娶男嫁

考验婚，也称赘婚或服务婚。对偶婚向个体婚过渡的过程中，出现了一种女娶男嫁的婚姻形式。在这个婚姻形式时期，男子被"娶"到女子家，并且要为女方家劳动。劳动过程中，男方的一切都要接受女方家长或家族的监督，女方家长或家族还要对男子进行各种各样的考验。考验的目的是评判男子是否具备种地、盖房、打猎、捕鱼等各种生活技能。如果考验成功，男子才会获得允许与女子结婚。考验期可长可短，没有定规。

相传舜帝就曾经接受过考验婚的考验。

舜，姓姚，有虞氏，名重华，史称虞舜。舜在年轻的时候，就以孝顺继母闻名天下。尧帝当时正在为继承人的事情发愁，便征询四方诸侯长老（四岳）的意见。四岳异口同声地推荐了舜。要做尧帝的继承人，必须娶尧帝的两个女儿为妻。于是尧帝就用耕历山、渔雷泽、陶河滨、作什器、跑生意等五种方法考验舜。

耕历山。历山，位于今山西省运城市垣曲县东南。远古时候，历山及其周围被一片茂密的森林覆盖着，当地的人们还不会耕作，每日都是上树摘果饱腹；当地的人们还不会盖房，终年都是穴居避寒暑；当地的人们还不会砍树开山，只能远望巍峨的历山叹息没有一条登山路。

舜受尧帝的考验来到历山脚下，眺望万丈绝壁和通向山顶

山西省阳城县历山舜王坪风景区舜帝雕像

的被巨石粗的大树覆盖的山路，眼神里没有一丝畏惧。他拍拍自己心爱的坐骑——毛驴的头，告诉它要勇敢；他拍拍黄牛和黑牛的背，告诉它们要坚强。于是，他们向山顶进发了。

一路上，舜砍树开山，披荆斩棘，经历千辛万苦，终于到了历山最高峰。舜在峰顶上开辟出面积达五千亩的土地，后世的人们称其为舜王坪。舜请黑牛和黄牛在土地上拉犁耕作，请毛驴拉磨磨谷。当地的人们看到丰收的谷物，都啧啧称奇，纷纷向舜学习耕种。

舜还用泥土和树木建造了结实的房子。当地的人们看到舜的房子可以遮风蔽雨，纷纷向舜学习盖房技术。从此，当地人们抛弃了穴居生活，住进了舒适的房子。

尧帝看到舜耕历山的成绩，暗暗点头，不过他还是不放心，又给舜出了第二个题目——渔雷泽。

渔雷泽。雷泽湖，位于今山东省菏泽市鄄城东南部阎什镇、鼓楼镇和引马乡一带。雷泽湖湖水清澈，芦苇繁茂，水草翠绿，是天然的捕鱼之所。四面八方的人们纷纷前来，希望有所收获。由于各地捕鱼方式不同，人们带来的捕鱼器材有大有小，有圆有方，所捕的鱼也就有多有少。于是，雷泽湖边，经常可以看到捕鱼人争吵、打架，甚至还有人因此付出生命的代价。尧帝看到这种情况，就派舜去治理。

舜来到雷泽湖边，仔细查看众人捕鱼的工具和方法。舜很快发现有的人占据好渔场，所以捕到的鱼就多；有的人渔网大，所以捕到的鱼就多；有的人鱼饵味美，所以捕到的鱼就多。于是，舜教会那些捕鱼少的人捕鱼技巧，还找到好渔场供他们捕鱼。

由于舜的努力，在雷泽湖捕鱼的人都能满载而归。人们不仅学会了捕鱼，还学会了舜的谦恭、礼让、助人的品德。渔民之间的关系也因此大为改善，人们互相帮助，礼尚往来，雷泽湖边一片和谐的景象。尧帝看到这一切，频频点头，但他还是不放心，就给舜出了第三道题目——陶河滨。

陶河滨。河滨位于今山东省滨州市的古河济地区，河是指黄河，济是指济水。今天的济宁市就是原来济水中间北上的地方，现在黄河下游地段以及大清河、小清河，就是古济水故道。

舜来到河滨，发现这里的人靠烧制陶器为生。人们靠交易陶器换取粮食和牲畜，但由于条件和技术所限，人们制陶的技术还未成熟，所烧制的陶器不仅外形缺乏美感，而且易碎易漏，无法长期使用。

舜拜访当地最好的制陶师，学习上乘的制陶技术。他还不断用自己的智慧，研究创新，终于创造出独特的制陶方法。他反复试验，仔细摸索，技艺不断提高。渐渐地，他烧制的陶器不仅美观，而且耐用。周围的邻居看到舜制作的陶器，都爱不释手，啧啧称赞。舜非常大方，每次烧制成功的陶器，都会慷慨地赠送给上门索要的邻居和乡亲，甚至外地的人也闻讯而来。舜对远来的客人不仅热情招待，还把最好的陶器赠与他们。人们都非常爱戴舜。有一天，舜所做的一切，被当地掌管烧陶的窑头发现了。窑头认为舜破坏了祖传的烧陶方法，还会影响窑头的生意，就命人将舜抓起来，捆在树上，还用鞭子抽打舜，扬言要烧死舜。

那些爱戴舜的人们闻讯纷纷赶来向窑头求情，希望保留舜的性命。窑头见求情的人越来越多，挤满了河滨，生怕惹了众怒，于是向舜提出条件：最后烧制一次陶器，如果能烧出精美的陶器，就饶过他，否则要受到严厉惩罚。

舜听到这个要求，心中暗自高兴。他自信满满地走向窑厂，亲自操作，观察火候，注意细节。两天后，陶器出窑了。周围的邻居和那些爱戴舜的人们看到从窑厂里出来的精美陶器，都赞叹不已。

窑头听到喝彩的声音，也走了进来。当他看到舜制作的陶器时，惊呆了。他从未见过如此完美的陶器，陶质细腻，造型优雅，用手指一弹铮铮有声。窑头还发现陶器的破损率非常低，自己的手艺无法和舜相比。于是，窑头宽恕了舜。

从此以后，舜烧制陶器的手艺闻名天下。当地的百姓也因为学会了舜制陶的技术，制作的陶器越来越精美。很多人慕名而来，只为求得河滨地区的一件陶器。

尧帝目睹舜的表现，笑着点点头，但他还是有些不放心，又接连给舜出了两道题目——作什器、跑生意。什器就是家用生活用具。舜在寿丘学习制作什器，在负夏即历山镇做生意。舜诚实可信，童叟无欺，获得当地人民的信任和爱戴。

尧帝非常满意舜的表现，于是，把两个女儿嫁给了舜，还让舜成了他的继承人。

五、劫夺婚女居男家

劫夺婚，是人类从母系社会走向父系社会时产生的一种婚姻形式。劫夺婚分两种，一种是真劫；一种是假劫。

真劫

在父系社会初期，由于女方并不情愿嫁入男方家，便出现了强制性的劫夺婚，这是个人和氏族的原因。还有一种情况是，当时社会生产力极低，女子长大成人后，女方家里怕失去劳动力，所以不愿意让自己的女儿嫁入男方家。真劫的劫夺婚分为两种，劫外族妇女和劫敌族妇女。为了劫夺妇女成亲，男方家族甚至不惜发动战争。

原始社会时期，居住在南美和北美的印第安人，为了繁衍后代，增加自己部落的人口，常常发动战争。他们进攻敌对的部落，杀掉对方的男子，将女子劫掠占为己有。这是当时印第安部落结婚的重要途径。

这种真劫的劫夺婚在中国也曾经盛行。娶字，上面一个"取"，下面一个"女"。《说文解字》解释为："娶，取妇也。"《易经·屯卦》中有"匪寇婚媾"的记载，意思是说强盗抢劫妇女成亲。《左传·昭公元年》中有一个抢婚失败的例子：

郑国徐无犯的妹妹貌美如花，已经许配于公孙楚。公孙黑也觊觎徐无犯妹妹的美貌，密谋抢走此女，强行成亲。徐无犯便请公孙楚和公孙黑上门，让妹妹自己做决定。公孙楚身穿一身戎装，英气俊朗；公孙黑身着华服，雍容华贵。妹妹选择了公孙楚，公孙黑大怒。在公孙楚娶亲的路上，公孙黑率人马冲出，欲抢走徐妹妹。公孙楚武艺高强，奋勇拼杀，一剑刺伤了公孙黑，保住了自己的妻子。

《北史·高昂传》记载了一个穷人抢婚的故事：

一贫如洗的高乾看上了崔家的女儿，便向崔家提亲。崔家得知高乾是个无权无钱的小人物，非常不满意，当场严词拒绝。高乾的弟弟高昂胆识过人，帮助哥哥将崔家女抢了出来。高氏兄弟俩带着崔家女跑到村外，高昂生怕崔家的人追上，便对哥哥高乾说："赶快举行婚礼吧。"哥哥高乾明白弟弟的意思，便在野外与崔家女发生了性关系，造成了事实婚姻。高昂后来成为南北朝时期东魏大将。

假劫

它的特点是假"劫"真"婚"。以我国蒙古族的劫夺婚风俗为例，结婚当天，新郎身背武器，率同辈青年到女家的蒙古包。女家兄弟站在门前询问男方来意，这是拦门。拦门后，男女双方的亲人朋友要假意撕扯、推拉、殴斗。几个回合后，女方家看到男方的诚意，才邀请对方进入蒙古包，迎娶新娘。之后，新郎新娘双双回到男方家生活。

宋代时，湖南靖州苗民也实行劫夺婚。男女双方结婚当天，男方的亲人和朋友埋伏在新娘必经之路旁。等新娘的家人经过时，男方家人朋友突然出现，双方假意厮打、殴斗，女方家人佯败而逃。男方家人用布和绳子假装将新娘捆绑起来，然后欢天喜地地回家成亲。

中国佤族青年男女在接新娘时，也有劫夺的习俗。男方的亲友手持火把在新娘家的竹楼前驻足欢呼。其中一名亲友身背背篓，披着蓑衣，戴上斗笠，手举火把，向女方家的院门冲去。此时，新娘已经梳妆完毕，正在等待新郎。新娘家的人躲在院子里，等到那名男方亲友冲进院子，便佯装还击。男方亲友声东击西，先用火把将院子里的草垛点燃，让女方亲友忙着灭火，无暇他顾。这时，新郎快步跑上竹楼，背起新娘就跑。迎亲的队伍簇拥着新娘、新郎向山寨外跑去，一路奔到新郎家完成结婚仪式。

佤族婚礼

居住在广东连山地区的壮族，在实行劫夺婚的时候一定要打伞，还要将新娘走过的足迹打扫掉。据说这么做，一是怕鬼神跟踪到新郎家；二是防止新娘家的人沿着足迹追踪，抢回新娘。

瑶族的劫夺婚要三跑三抢。新人结婚时，新娘要从婆家逃跑三次，新郎要将新娘从娘家抢回三次。最后一次抢回新娘后，两位新人便正式祭神成亲。

六、个体婚一夫一妻

个体婚，是指一男一女形成稳定的夫妻关系，有共同的财产，子女知道亲生父母。个体婚有三个明显的特点，即固定关系，共有财产，单一家庭。

固定关系。在个体婚阶段，男女的婚姻关系从群居发展到固定性伴侣。与对偶婚相比，它的婚姻对象是唯一的、稳定的。

共有财产。在个体婚阶段，由于男女双方有了稳定的关系，形成了夫妻的概念。夫妻开始共同劳动，进而有了属于两个人的生活用具和生产工具，出现了共同财产。

单一家庭。在个体婚阶段，由于男女有了稳定的性关系和共同的财产，家庭模式开始出现。这种家庭模式虽然还依附于氏族社会和部落，但子女对父母的认知已经从仅知母不知父的阶段，走入了既知母又知父的时期。

居住在中国东北地区的鄂温克族的婚俗还保留着个体婚的特点。鄂温克，意思是"居住在大山林里的人"。他们分布在黑龙江省讷河县和内蒙古自治区，人口三万余人。鄂温克族有自己的语言，但无文字。鄂温克的牧民多使用蒙文，农民则使用汉文。驯鹿是鄂温克人最重要的交通工具，被誉为"森林之舟"。

鄂温克青年结婚要经过自由择偶、媒人说合、父母同意、双方认可等四步前期程序，方能正式迈入婚姻殿堂。

自由择偶。鄂温克族的青年男女到了适婚年龄，可以通过歌舞、

鄂温克族婚俗

节日、打猎等社交活动，自主选择心仪的对象。一般都是男方主动。

媒人说合。对象选好后，要聘请媒人前往女方家说合。如果女方表示同意，这份姻缘就基本成功了，但还要经过父母同意这个步骤。

父母同意。媒人说合后，双方父母都要发表自己的意见。这时，父母的意见只是参考，主动权和决定权都掌握在一对青年人手里。

双方认可。经过媒人说合，父母同意后，两个人如果还没有改变心意，就可以谈婚论嫁了。这时，男方家无论离女方家有多远，都要迁居到女方家附近居住。

结婚当天，新郎在父母亲友的陪同下，带上送给女方的十只驯鹿向女方家走去。女方也要带着嫁妆（也是十只驯鹿）到路上迎接男方。新郎的队伍中，一名手持神像的老者走在最前面。新郎、新娘相遇后，先亲吻神像表示敬神，然后两人相互行礼。礼毕，所有人进入女方家的院子里喝喜酒。此时，院子里已经点燃篝火，主持人用桦皮杯斟满两杯酒，分别交给两位新人。新郎、新娘接过酒杯后，一齐抛到篝火里，这是向火神表示敬意。之后，新人向双方父母敬酒。众人载歌载舞向新人表示祝福，婚礼气氛达到高潮。

宴会结束后，新郎要留在新娘家度过新婚初夜。第二天一早，新郎领着新娘回家，女方家长牵着新娘的嫁妆——十只驯鹿陪同女儿来到婆家。由于双方是自由择偶，所以婚姻相对稳定。双方结婚之初，就有共同的财产——驯鹿。

以上介绍了六种原始时期的婚姻形式，也是婚姻进化过程中的六个阶段。当然婚姻进化的历史远比这些复杂，它不是垂直的演变，而是渐进式的发展。每个阶段里都或多或少地包含有前面或后面阶段的特征，你中有我，我中见你。

第二章　皇家婚礼

　　各式婚礼中，最隆重、最受瞩目的当属皇室举办的婚礼。各国皇室的婚礼程序都有非常细致、严谨的安排，每一步、每个细节都考虑得非常周到。中国是礼仪之邦，皇家的婚礼仪式自然也有着严格和独特的规定。

一、唐朝皇帝纳皇后

　　按照唐代的皇家礼仪，皇帝迎娶皇后要经过八步走，即制书、纳采、问名、纳吉、纳征、册封、迎接和同食。

第一步：制书

　　制书，是指皇帝宣布娶某女为皇后所发的诏书。颁发制书之前，皇帝钦命太尉（正一品官）为正使、宗正卿（正三品，主管皇家事务的官员）为副使，职司赴准皇后家颁发诏书，进行纳彩等礼仪。

　　颁发制书之日，长安太极殿里喜气洋洋，文武群臣齐集，按位站立。正副使者享专有的位置，称为"受命之位"。正使站在殿外西首第一位，副使紧随其后，面向北面肃立。皇帝贴身侍从官侍中（正二品）高声道："中庭戒备。"群臣遵从指令，步入中庭。正副使者进入后，站在门外东侧，面朝西。持幡、持节、拿诏书案的随从人等站在门内道北，面朝西。幡和节都是古代使者奉命出行所持的凭信。

众臣站定后，侍中高声道："警卫宫禁。"之后，皇帝身着衮衣、头戴冕冠、乘坐舆车，从西房出来。衮衣和冕冠是唐朝皇帝在重要国事时穿戴的礼服。皇帝就御座后，正副使者从门外进入，按位站立。典仪官高声道："再拜。"所有殿内官员向皇帝行跪拜大礼两次。

唐代宫女图

侍中恭谨上前接过圣旨，下殿到正副使者东北侧，面向西，说："有制书。"正副使者闻听，立即行跪拜大礼两次。侍中宣读制书："娶某官某氏某女为皇后，命令公等持节举行纳采等礼。"正副使者闻听，再次行跪拜大礼。然后是授节、授诏书给正使者，诏书须放在案上。这时，典仪官高声道："再拜。"众臣行跪拜大礼两次。

礼毕，正副使者出门。前为持节者引导，后有拿案者跟随。侍中高声道："礼仪结束。"皇帝离开，在位众臣依次出门。制书仪式到此结束。

第二步：纳采

纳采，古代男方欲与女方结亲，须请媒妁往女方家提亲，得到应允后，再请媒妁正式向女家纳"采择之礼"。古时纳采之礼用雁，因为雁失去配偶后，终生不再成双，非常忠贞。

纳采日的黎明，正副使者奉旨来到准皇后家。准皇后家早已打扫干净祖庙（或正室），恭敬迎接圣旨。祖庙大门外西侧，已经铺就神席。神席下为白丝边蒲草席，上为彩丝边水草席。神席南侧靠右，摆放一张精美雕饰几案。正副使者站在大门西侧，持幡、持节的随行人员站在正副使者北面；拿制书案的、拿雁的随从站在正副使者南面，众人均面朝东方。

准皇后的父亲站在祖庙大门内东侧，面向西。准皇后家的傧相走出大门，站在门东侧，面向西，高声道："在下斗胆请使者指示。"使者说："某奉旨来纳采。"傧相转身，进祖庙门向主人报告。

听完报告，准皇后的父亲说："臣某之女如果是这样的人，既已蒙受诏书来请，臣某不敢推辞。"

傧相出，将此言告与使者。言毕，傧相再次走入大门，引领准皇后父亲出来。准皇后父亲走到大门外南侧，转身向北，向正副使者行跪拜大礼两次。正副使者因代表皇帝而来，无须回礼。礼毕，准皇后父亲拱手行礼请正副使者先行。持幡、持节的随从先入，然后是正副使者，拿案、拿雁的随从随后。走到祖庙台阶前，持幡、持节的随从站在台阶西侧，面朝东。正使上台阶后站在祖庙前的两个楹柱之间，面向南。副使在正使的西南侧，拿案、拿雁的随从在副使的西南侧，均面朝东方站立。准皇后父亲从祖庙的东台阶上，走到正使的南面，面向北，与正使面对而立。

众人站定后，拿制书案的随从走上前，将制书授给正使。正使高声道："有制书。"准皇后父亲闻听，行跪拜大礼两次。然后，正使宣读制书。读毕，准皇后父亲再行跪拜大礼两次，并向正使行稽首礼。礼毕，上前，从正使手中接过制书，然后将其交给身旁的随从。

授制书后，再授雁。正使从拿雁的随从手中接过雁，准皇后父亲再行跪拜大礼两次，然后接过雁，将其交给身边的随从。

之后是准皇后父亲授答表给正使。答表是对皇帝制书的礼节性的程序性的回书，与制书一样，答表长一尺二寸，宽四寸，厚八分。准皇后家的傧相见授雁礼毕，引导拿答表案的随从上前站在准皇后父亲身后偏西侧。准皇后父亲将答表授给正使，然后退回原位，向正使行跪拜大礼两次。

礼毕，正副使者从西阶下堂出。纳采礼至此结束。

第三步：问名

问名，男家行纳采礼后，遣媒人到女家询问女方姓名，生辰八字。取回庚帖后，卜吉凶、合八字，以便决定成婚与否。

正副使者从准皇后家祖庙出来，并不离去，而是站在内门外西侧，面向东。这时，准皇后父亲也紧随正副使者出来，站在内门内东侧，面向西。准皇后家的傧相从内门出来，向使者请示接下来的程序。正使高声道："将要卜筮算命，奉皇上圣旨问名。"

傧相转身进入内门内向准皇后父亲报告。准皇后父亲高声道："臣某之女如果是这样的人，既已蒙受制书来问，臣某不敢推辞。"

傧相从内门出来，向正副使者转告准皇后父亲的话，然后傧相再次转身进入内门，请出准皇后父亲。

准皇后父亲站在门外，邀请正副使者进入内门。正副使者进门后，将皇帝诏书授给准皇后父亲。同纳采礼一样，准皇后父亲将答表授给正使。

正副使者从内门走出，依然站在门西侧，面向东。准皇后父亲依然站在内门内东侧，面向西。傧相从内门出来，请示正副使者下一步程序。正使高声道："礼仪结束。"

傧相转身进入内门向准皇后父亲报告。准皇后父亲高声道："使者奉旨来到某家，本人应尽地主之谊款待各位。"

傧相从内门出来向正副使者转告。正使高声道："本人公务结束，斗胆请求告退。"傧相再次进内门报告。准皇后父亲高声道："这是祖宗传下来的礼节，本人斗胆坚持请使者留下。"

傧相从内门出来报告。正使高声道："本人一再推辞不被允许，只好客随主便。"正副使者选择留下来并非是喝喜酒，而是参与问名礼中的祭祀活动。

祭祀毕，正副使者从准皇后家出来。准皇后父亲亦出，向西行跪拜大礼两次为使者送行。礼毕，准皇后父亲进门，站在东侧，面向西。傧相看到使者远去，进门报告道："贵客不回头了。"准皇后父亲这才返回屋内。正副使者回到宫中向皇帝奉上答表。问名礼至此结束。问名礼之后是纳吉礼。

第四步：纳吉

纳吉是卜筮后，将吉兆通知给女方家。

纳吉这天，正副使者来到准皇后家。准皇后家接待使者的礼仪与纳采时一样。正使高声道："通过占卜算命，占辞非常吉利，皇帝命本人前来报告。"

准皇后父亲说："臣某的女儿如果是这样的人，占辞说吉兆，臣参与其事，臣某恭谨敬奉典礼制度。"其他礼节与纳采礼时一样。

第五步：纳征

纳征，也称纳成，指男家向女方家送聘礼。

纳征这天，使者奉皇帝命令来到准皇后家门外。随同使者而来的掌事人进入准皇后家，在内门外架设帷幕，捆起黑丝帛放在帷幕上。帷幕南侧，并排摆放着送给准皇后家的六匹骏马。马头向北，以西为首。掌事人双手捧着装有谷圭的木匣，在帷幕东侧等候，面向西。谷圭，是皇帝用来作聘礼的玉器，长约七寸。

　　使者如纳采礼时一样，站在门外西侧，面向东；准皇后父亲站在门内东侧，面向西。准皇后家的傧相从门内出来请使者指示。使者高声道："本人奉皇帝命令行纳征礼。"

　　傧相转身进门报告。准皇后父亲高声道："奉皇帝命令以重礼赐臣，臣恭谨敬遵典章制度。"

　　傧相出，将主人所言向使者报告，然后转身进入门内，引导主人出门，迎接使者入内。

　　掌事者见众人入内，遂坐下，打开木匣取出谷圭，放在黑丝帛上。牵马人随后入内，将六匹马引领到庭中靠南三分之一处，马头依然向北，以西为首。手捧谷圭的人在马的西侧，也面向北。之后的礼仪同纳采时一样。纳征礼至此结束。

第六步：册封

　　册封皇后之礼前一日，守宫令在皇后家大门外的西侧架设使者帷帐。守宫令是守宫署的主管，正八品，负责为皇帝婚礼等国家大事架设、供应帐具。尚舍局则在皇后家大门外道西侧架设供尚宫以下人员休息的帷帐，并在道东侧用帷幕将道路屏蔽。尚舍局是唐朝殿中省的一个部门，负责布置宫殿内庭、提供沐浴清汤、打扫宫殿卫生。尚宫是皇帝内宫的宫官，正五品，职掌导引中宫，手下有司言，负责宣传启奏。尚宫之外还有尚仪、尚服、尚食、尚寝、尚功等职位，其中尚仪手下有司赞，尚服手下有司宝等官。司赞掌管朝见、宴会等唱赞导引的礼仪；司宝掌管印玺、符契、图籍。

　　册封皇后之礼当天，皇帝命正副使者前往皇后家宣布册封诏书。

正副使者在持节者引导，举册封诏书案和印绶者跟随下，乘坐皇帝的专车——辂车，来到皇后家大门外，正副使者先入帷帐内休息。

皇后家内的迎接仪式准备完毕后，正副使者从帷帐出来，站在大门外西侧，面向东。傧相从皇后家内出来，请示正使为何事而来。正使高声道："本人奉皇帝之命，授予皇后备物典册。"

傧相转身进门报告。皇后父亲听完报告，从大门出来迎接正副使者。皇后父亲向北方行跪拜大礼两次，正副使者不答拜。

随后，持节者在前引导，正副使者进入皇后家大门内，靠左侧站立，举册书、印宝者紧随其后。皇后父亲在内门外右侧站立。举册书、印宝者上前，将册书、印宝授予正副使者。

皇后家内侍走到正使面前，面向西方，接受册书、印玺。然后内侍转身向东，先将册书、印玺交给内谒者（掌内外通信之官）验看。验毕，内侍拿着册书、印玺走进皇后家内门，站在家内阁楼的西侧，向东跪下，将册书、印玺放在事先准备好的几案上。

这时，尚宫以下宫中女官已经进入阁楼中，服侍皇后穿戴首饰和袆衣——皇后所穿的祭祀服装。穿戴完毕，宫中专门服侍皇后的傅姆协助皇后走出阁楼。尚宫引导皇后站在内庭中央，面向北。

尚宫跪着从几案上取来册书，尚服跪着从几案上取来印玺绶带，两人站在皇后右侧，面向西方。司言、司宝各一人站在皇后左侧，面向东。

尚宫高声道："有制书。"

尚仪高声道："再拜。"

皇后向北方行跪拜大礼两次。宣读册书后，尚仪高声道："再拜。"皇后又行跪拜大礼两次。

尚宫将册书授给皇后，皇后接过后，交给站在身后的司言。尚服将印玺、绶带授给皇后，皇后接过后，交给站在身后的司宝。

皇后上座后，内官以下诸人在庭中，相对站成两行。

司赞高声道："再拜。"庭中之人全体行跪拜大礼两次。

尚仪走上前，跪下向皇后启奏："礼仪结束。"

皇后离座入内。

正副使者返回皇宫，向皇帝报告册封事宜。

第七步：迎接

迎接是指将皇后接到皇宫中成亲。迎接前一日，守宫令和尚舍在皇后家大门外架设帷帐，屏蔽街道。

迎接当天，皇帝一早就穿戴冠冕上殿，五品以上的文武官员有资格入朝庆祝。朝堂上文官站在东侧，武官站在西侧。正副使者奉旨出宫迎接皇后。

正副使者，前有持节者引导，后有拿案者、拿雁者跟随，乘坐天子的专车——辂车，来到皇后家大门外的帷帐内休息。皇后家中宫女人等到帷帐处迎接使者。

皇后家内，尚仪启奏："请皇后宫中戒严。"

服侍皇后的傅姆闻声，引导皇后出。尚宫在众人前引路，出屋，登堂。

皇后将出屋门时，皇后母亲来到屋外西侧，面向南方。

这时，前来迎接的文武官员已经在皇后家大门外分东西两侧站立，文官在东，武官在西。正使站在大门外专属位置。皇后父亲站在内门外堂前东台阶下，面向西方。

傧相出，请示正使为何事而来。正使高声道："本人奉皇帝之命，在今天这个良辰吉日，前来迎接皇后入宫。"

傧相转身进门，如实报告。皇后父亲高声道："臣敬遵典礼制度。"

傧相出，转告正使。再进入，引导皇后父亲出门。皇后父亲站在大门南侧，向北行跪拜大礼两次。

内谒者引导正副使者进入内门，来到西台阶下。正使先上大堂，站在两个楹柱之间，面向南方。副使站在西侧，拿案者、拿雁者站在西南，均面向东方。

皇后父亲从东台阶上大堂，面向北方，站在正使面前。

正副使者授制书，高声道："有制书。"

皇后父亲行跪拜大礼两次。正使高声宣读制书内容。读毕，皇后父亲下堂到台阶中间，向北方行跪拜礼两次，再行稽首礼。礼毕，上大堂，面向北方，接受制书。收到制书后，皇后父亲行跪拜大礼两次。礼毕，向北站立。

正副使者授雁，皇后父亲再行跪拜大礼两次。礼毕，上前从正使手中接过雁，之后依然向北站立。

傧相引导两个侍从将答表案抬出，皇后父亲取过答表后，将其交给正副使者。皇后父亲行跪拜大礼两次，礼毕，从台阶西侧下，回到门外转身的位置站立。

奉礼之人高声道："再拜。"

赞礼之人传呼，正副使者行跪拜大礼两次。正使高声道："今天是良辰吉日，臣等奉皇帝之命，前来迎接皇后。"

内侍转身进入，将此话告与司言。司言入内禀告皇后。尚仪奏请皇后行跪拜大礼两次，以真心表示对皇帝的感谢。

皇后父亲从台阶东侧上堂，到皇后身边，面朝西方，告诫皇后道："戒之敬之，夙夜无违命。"意思是告诫皇后谨慎小心，恭敬礼让地侍奉皇帝，日日夜夜都不要违背皇帝的旨意。皇后父亲说完，退后到台阶东侧，面向西方站立。

皇后母亲从台阶西侧上堂，按照古礼施衿结帨，将手帕系在皇后衣服的领襟上，并告诫女儿道："勉之敬之，夙夜无违命。"

听过母亲的告诫，皇后坐舆车从堂上下来，然后再登上皇后专用的用鸟羽毛装饰的翟车。傅姆为皇后穿上防尘衣服。皇后的侍从和内侍按照皇后的卤簿仪仗，等皇后翟车来到大门外，侍从和内侍依次乘车、骑马跟随在后，浩浩荡荡，向皇宫走去。

第八步：同食

黄昏时分，皇帝与皇后同食礼所需的餐具、酒杯等器皿，以及猪肉、脊骨、米饭等食物已经准备妥当。

皇后乘车来到皇帝宫殿，进入大门，钟鼓齐鸣。车头向南停稳，尚仪在车头前跪下，请皇后下车。皇后下车，走入宫殿大门。

皇帝下座，领着皇后从宫殿西台阶上，入室内到席前，皇帝面朝东站立；皇后面朝南，站在酒尊西侧。皇帝在西侧洗具洗手，皇后在北侧洗具洗手。

稍后，食物摆放就绪。尚食跪下启奏："馔食已备好。"皇帝拱手请皇后入席，对着席位，面朝西方，一同坐下。

尚食跪下，取韭酱、醢肉酱授给皇帝，再取同样的授给皇后。皇帝、皇后接过后，放在两个盛肉的高脚盘中间。

尚食又取黍、稷、稻、粱授给皇帝，再取同样的授给皇后。皇帝、皇后接过后，放在两个盛肉的高脚盘中间。

尚食又取带骨肉并撕开上部授给皇帝，再取同样的授给皇后。皇帝、皇后接过后，放在两个盛肉的高脚盘中间。

尚食将带骨肉放在四方形的带脚青铜托盘上。两个司饰拿出手巾分别递给皇帝、皇后擦净手。

尚食跪下品尝馔食。尚食将黍放到席上，拿脊骨肉授给皇帝、皇后。皇帝、皇后品尝，分三次吃完。

两位尚食官洗手、洗爵，进入室内，从酒尊中斟酒，授给皇帝、皇后。皇帝、皇后接过，祭献。

尚食随后递上肝脏，皇帝、皇后行振祭礼。振祭礼是指将肝放在盐中摇晃振动，好像在祭祀，其实不是。礼毕，皇帝、皇后品尝肝。

然后，尚食将剩下的肝接过，放入盛肉的器皿中。皇帝、皇后取过酒杯，干杯。尚食接过空酒杯，放在台座上。这是第一次献酒。

第二次献酒与第一次一样。

第三次是用瓢饮合卺酒，仪式同上。

尚食官们从宫殿东台阶下殿，洗净酒杯，再上殿。在门外斟酒，进入室内。放下酒杯，向北方站立，行跪拜大礼两次。然后跪着取过酒杯，先用酒祭祀，再饮干这杯酒。向北方行跪拜大礼一次，拿着酒杯起立，下殿。

尚仪目送尚食们下殿，进来向北方跪下，奏说："礼仪结束，起立。"

皇帝、皇后起立。尚宫引导皇帝进入东厢房，脱下冕服，换上常服；尚宫引导皇后进入帷帐，脱下服装。尚宫引导皇帝进入皇后帷帐。

尚食官们撤下馔食，放在东厢房。皇后的跟随者吃掉皇帝所剩食物；皇帝的跟随者吃掉皇后所剩食物。

同食礼结束。

二、宋代公主下嫁礼

宋代时，被选为驸马的人不仅立即官拜驸马都尉，还会得到皇帝赐给的玉带、成套的衣服、配银鞍戴嚼子的大马、彩色丝绸百匹。皇帝赐给驸马这么多东西，还有一种说法，叫系亲，就是联姻的意思。

由于系亲都是由皇帝出资，这样一来，古礼中纳采、问名等婚礼程序就被忽略了。于是礼官便向宋仁宗赵祯建议，依照古时婚礼的名义，保存其物质上的东西如雁等，使天下人知道结婚是件大事，不可草率而为。仁宗采纳了礼官的建议。当时正逢仁宗长女福康公主下嫁李玮，仁宗便命驸马家准备好婚礼上用到的雁、币、玉、马等物，迎娶公主。实际上，李玮是仁宗的亲表弟，是福康公主的表叔。后来，福康公主和李玮的婚姻以失败告终。

当时，驸马娶回公主后，在家中的地位骤然提升。公主也因自己身份高贵，不行公婆之礼。宋神宗赵顼即位后，认为无视公婆之礼的做法非常荒唐。他反问道："怎么能因为身处富贵，就歪曲长幼人伦之礼呢？"于是，公主拜见公婆开始行礼。

公主结婚当天，夫家要准备好五礼——纳采、问名、纳吉、纳征、请期。前四项与唐代皇帝娶皇后礼仪相同。请期就是在黄历中择吉日为婚期，宋代时，公主婚期是皇帝御赐的，不由驸马家里做主。五礼之外，宋代公主下嫁还有三个步骤，迎亲、同食、拜见公婆。

步骤一：迎娶公主

迎亲当天，驸马的父亲告诫儿子："迎娶妇德美好的女人，为宗庙增光添彩。"驸马行跪拜大礼两次，说："谨遵父亲教诲。"说罢，再行跪拜大礼两次。然后出门。

驸马骑马到东华门内下马，礼官导引其就位站立。司吏官在内东门外陈列公主卤簿、仪仗，等到公主要登上用羽毛装饰的翟车时，引导驸马出来，走到内东门外，躬身面向西。驸马的随从将雁授给公主宫里的内谒者。内谒者将雁奉给公主。公主坐上翟车后，驸马行跪拜大礼两次。礼毕，先行骑马回府第。这个府第是由皇帝赐给公主的结婚礼物。

步骤二：同食之礼

黄昏时分，主事之人已将同食礼需要的一切打理妥当。驸马来到府第，下马等待公主到来。公主乘翟车来到，下车。驸马在司赞官的引导下作揖请公主入内。到寝室门外，驸马再作揖，引导公主登台阶，入室内盥洗。主事之人引导驸马与公主相对而坐，驸马第三次作揖拜公主。入座后，驸马、公主饮酒三杯。然后所有人都站起来，行跪拜大礼两次。司赞官撤下酒和食物，同食之礼结束。

步骤三：拜见公婆

第二天一早，公主穿戴打扮整齐，等待拜见公婆。司赞官将公公婆婆导引到大堂上，公公在东侧，婆婆在西侧，两人都身着礼服。女官引导公主从西侧台阶上堂，来到公公面前行跪拜大礼两次。司赞官把红枣和栗子交给公主，公主将它们奉送到公公面前，公公就座。

司赞官上来，撤掉红枣和栗子，往东走。公主退回到原位，再行跪拜大礼两次。

女官将公主导引到婆婆面前，公主行跪拜大礼两次，司赞官将腶修（捣碎后加入姜桂的干肉）交给公主，公主将其奉送到婆婆面前，婆婆就座。

司赞官上来，撤掉腶修，往东走。公主退回到原位，再行跪拜大礼两次。拜见公婆礼毕。

三、清代皇子娶福晋

清代贝勒迎娶福晋，有严格的礼仪规定。从指婚开始，经过择吉、纳采、迎娶、合卺、婚宴、朝见、归宁等程序，才完成整个婚礼仪式。

第一步：指婚

清代皇子到了适婚年龄，皇帝会派人为皇子挑选福晋。内务府的大臣会将皇子和未来福晋的生辰八字进行卜算，如果合适，则向皇帝报告。福晋选定后，皇帝令福晋父亲身着蟒袍进宫，向其宣布此事。

乾隆五十年（1785），山东巡抚明兴的女儿被选定为乾隆的孙子绵懿的福晋。指婚日，明兴身穿官服来到乾清门，向北跪拜。宫内大臣高声道："今以山东巡抚明兴之女作配三阿哥永璋之子绵懿为福晋。" 明兴听罢，行三跪九拜之礼谢恩。谢恩毕，明兴告退。指婚完毕后，进行择吉仪式。

第二步：择吉

择吉就是挑选吉利日子作为大婚之日。皇子结婚的吉日有二，一是文定礼之日；二是成婚日。吉日是皇帝命令钦天监监正择取的。钦天监监正要择取两套吉日，将结果报告给内务府掌仪司。内务府，是清代管理

婉容大婚朝服照

皇室宫禁事务的机关。掌仪司相当于内务府的礼部。收到两套吉日后，掌仪司将它们同时汇报给皇帝。钦天监监正为绵懿挑选的吉日如下：

第一套吉日。乾隆五十年十月二十六日，壬寅，辰时行文定礼，吉。十一月初十日，丙辰，寅时行成婚礼，吉。

第二套吉日。乾隆五十年十一月初十日，丙辰，寅时行文定礼，吉。十二月初三日，戊寅，丑时行成婚礼，吉。

内务府掌仪司将两套吉日送到福晋家，限期三日，请女方家族从中选定一套。明兴为女儿选的是第二套。

十一月初十日寅时，绵懿在总管内务府大臣永瑢及侍卫陪伴下，来到未来岳父明兴家行文定礼。文定，也称纳吉，是指男方到女方家下聘礼。绵懿带给未来媳妇的聘礼如下：

嵌珊瑚东珠7颗、金项圈1围、嵌东珠各2颗、金耳坠3对嵌珍珠各5颗、大金簪3枝嵌珍珠各1颗、小金簪3枝、金镯2对、金钮100个、银钮200个、各色表里缎绸80匹、棉花250斤、做褂五等貂皮70张、做袍索伦黄貂皮70张、做被里沙狐皮160张、做褥白狐皮90张、镶女朝衣染海龙皮7张、做帽染貂皮3张。

皇子抵达福晋府第时，福晋父亲须出门迎接。绵懿到达时，明兴在家人陪同下早已在大门外等待多时。见绵懿下马，恭敬请其入内。到得中堂，明兴坐在主人位，绵懿向其行跪拜大礼。明兴须同时跪拜还礼。两人拜三次，站起。之后，福晋母即明兴夫人出，绵懿亦行跪拜大礼，夫人答礼。礼毕，绵懿告辞回宫，明兴送至大门外。

第三步：纳采

清代皇子结婚时的纳采礼与唐代皇帝的不同，它更像是纳征。行纳采礼时，掌仪司要为福晋父母准备服饰、鞍马等礼物。掌仪司为明兴及其夫人准备的礼物有：

赐福晋之父，狐肷皮朝衣1件，染貂帽1顶，金带环手巾、荷包、小刀、耳挖筒1分，缎靴袜各1双，备鞍马1匹。

赐福晋之母，嵌珍珠各2颗、金耳坠3对、青肷皮袍1件、镶女朝衣染海龙皮6张、玲珑鞍马1匹、赤金10两、银700两。

行纳采礼，皇子不出面，一切由内务府总管大臣、宫殿监督领侍（总管太监，正四品）作为使臣出面办理。

使臣抵达福晋府第时，福晋父亲须在大门外迎接，并将使臣亲自

北京故宫博物院《大婚典礼全图册》之载湉大婚纳采礼图

迎入中堂。福晋父亲要向使臣谢恩，谢恩完毕后，举行宴会。

宴会规模有严格的规定，即需羊26只、饽饽桌30张、酒筵30席、烧黄酒40瓶。所有膳食均由内务府茶膳房首领太监准备，福晋家不必操心此事。还规定如果福晋父亲家室内面积宽大，可在室内筵宴。否则，即在庭中搭棚结彩举办宴会。

参加宴会的人员也有严格的规定：皇帝皇后不出席。除值班的内大臣、侍卫外，其他内大臣、侍卫、副都统、侍郎以上官员都要赴宴；福晋家族内无官职的亲属不被邀请；福晋父亲同族的大臣、侍卫等官员坐在娘家人之位；所有来宾须穿礼服。

宴会上，总管内务府大臣和总管太监与福晋父亲在中堂畅饮，其他官员作陪。命妇、女官陪福晋母亲在内室筵宴。命妇，就是俗称的诰命夫人。清代命妇，宫廷中嫔妃为内命妇；外廷官员妻子、母亲为外命妇。一品二品称夫人；三品称淑人；四品称恭人；五品称宜人；六品称安人；七品称孺人。礼部负责召集前来赴宴的命妇。

宴会结束后，总管内务府大臣、宫殿监督领侍回宫向皇帝汇报。

第四步：成婚

成婚礼前一日，福晋家须将准备好的嫁妆送到皇子府第。内务府茶膳房要准备羊10只、饽饽桌10张、烧酒5瓶、黄酒5瓶，犒劳出力之人。同时也要为女眷准备饭菜。

成婚礼当天一早，皇子穿着正式礼服，来到皇帝、皇后宫殿请安行礼。如果皇子是妃嫔所生，还须到生母处行礼问安。

吉时到，銮仪卫早已准备好彩轿。轿身用红缎面包裹，两旁用红毯20条、灯笼8个、火把10只装饰。内务府大臣率领随从20名、护军40名前往福晋府第迎亲。随同前往的还有2名与福晋生辰八字相合的命妇，负责迎接福晋，并陪同福晋回皇子府第。

进入福晋府第，銮仪卫将彩轿抬至堂中放稳。女官高声道："升舆。"福晋在众人服侍下，坐入轿中。福晋父母和家人相送。銮仪卫抬轿前行，女官在后骑马跟随。

清代皇帝大婚场面

到紫禁城门外，众人下马步行，跟随彩轿入内。到皇子府第门外，福晋下轿，女官引导福晋入皇子府第。

第五步：合卺

待合卺吉时到，众人退下，女官捧上合卺酒。皇子坐在西侧，福晋坐在东侧，行跪拜大礼两次。坐下。女官斟满合卺酒，皇子、福晋一饮而尽。如此三次后，皇子、福晋站起，再行跪拜大礼两次。合卺礼毕。

第六步：婚宴

皇子、福晋完成合卺礼后，婚宴正式开始。此时，皇子府第张灯结彩，一片喜庆的气氛。福晋父母和亲族、大臣、命妇都应邀参与婚宴。婚宴的规模比纳采礼时的筵宴稍高。按照内务府规定，婚宴要备羊35只、饽饽桌40张、酒宴40席、烧酒黄酒40瓶。

参加婚宴的均为二品以上文武官员。皇帝皇后不出席婚宴，福晋亲族内无职务的亲属也不能赴宴。婚宴时，大臣、侍卫、官员在箭亭内，命妇在皇子住所就餐。箭亭，位于紫禁城东部景运门外、奉先殿南的一片开阔地上，是清代皇帝及其子孙练习骑马射箭的地方。

第七步：朝见

婚宴第二天，皇子、福晋须早起。穿戴打扮后，在宫内人引领下，前往帝后宫殿行礼。女官引领皇子站在丹陛前，福晋站在皇子右侧稍后的位置。皇子行三跪九拜礼，福晋行六肃三跪三拜礼。肃是古代九拜之一，即揖。身体直立，容貌严肃，微微下手以拜。

如果皇子为妃嫔所生，皇子、福晋也要向生母行礼。皇子行二跪六拜礼；福晋行四肃二跪二拜礼。

第八步：归宁

归宁，即回娘家。归宁日为成婚礼后第9天。这天，内务府仍用成婚时的彩轿送福晋回门。随行人员有2位命妇、6位果上妇人、10名内务府官员、30名护军，还有1名总管内务府大臣。内务府茶膳房还要准备桌席、羊只、烧黄酒等宴会所需之物。兵部则负责派步军管理街道。归宁的宴会要在上午9点至11点完成。皇子夫妇必须在正午前回到皇宫。

四、英国皇室大婚礼

禁止与天主教徒通婚

1701年颁布的《英国王位继承法》规定：凡按照本法规定可以继承王位者，若现在或将来同罗马教廷或者教会和好，或者保持交往，或者信奉罗马天主教或者与罗马天主教徒结婚，都应按照前举法令所规定和确认的情形，丧失继承的资格。

这部法律规定英国王位继承人，如果自己信奉天主教或与天主教徒结婚，都将丧失王位继承资格。那么，英国王室为什么如此反对天主教呢？

此事与英王亨利八世的离婚事件有关。亨利八世（1491—1547），是都铎王朝的第二任国王。1527年，亨利八世眼见自己的王后凯瑟琳年逾不惑，却只育有一女，尚无男嗣，渐渐对王后开始厌倦。这时王后凯瑟琳的侍从女官、在法国宫廷受过教育的安妮·博林进入了亨利八世的视野，两人迅速坠入爱河。

亨利八世向罗马教廷提出与凯瑟琳离婚的要求。罗马教皇受控于神圣罗马帝国的皇帝查理五世，而查理五世正是凯瑟琳的外甥。查理五世为保护凯瑟琳的王后地位，命令罗马教皇拒绝亨利八世的离婚要求。没想到这一拒绝，却引发了英国的宗教改革。

亨利八世命令英国教会脱离了罗马教廷的领导，英国教会转变为圣公会，为英国国教，并规定英国国王为圣公会的最高领袖。

英国国王亨利八世

之后，亨利八世与凯瑟琳离婚，并名正言顺地娶安妮·博林为第二任王后。不过安妮·博林后来却被亨利八世以通奸罪处以死刑。

这部《英国王位继承法》直至今日依然有法律效力。上任英国女王伊丽莎白二世的外孙彼得·菲利普斯是安妮公主的长子，亦是王位的顺位继承人之一。2008年，奥特姆·凯利为与其完婚，将宗教信仰从罗马天主教改为英国国教圣公会。

订婚须经国王批准

1772年，英国颁布《英国皇家婚姻法案》，要求所有皇家后裔的婚姻必须征得英国国王或女王的同意。

英国王妃戴安娜去世后，有关查尔斯王子与卡米拉再婚的消息一

英国查尔斯王子与卡米拉婚礼

直是各种媒体的头条新闻。2005年2月10日，英国女王伊丽莎白二世发表声明，正式同意两人结婚，并向他们致以最美好的祝福。

2011年4月21日，英国女王同意皇孙威廉王子迎娶凯特·米德尔顿的官方文书发布，正式宣布同意"我们最为挚爱的皇孙威尔士王子、嘉德骑士威廉·亚瑟·菲利普·路易斯，和我们信任的深受喜爱的凯特·伊丽莎白·米德尔顿结为连理"。

举办告别单身派对

英国传统婚俗，新娘、新郎在新婚前都要举行告别单身派对。新娘的派对叫"母鸡之夜"；新郎的派对叫"雄鹿之夜"。贵为皇孙的威廉王子也不能免俗。

威廉王子的"雄鹿之夜"派对在一个乡村城堡举行。2011年3月末，距离婚期还有一个月的时间，威廉的弟弟哈里王子为哥哥组织了派对。派对安排在周末，整个周末都是派对时间。参加者都是威廉王子最好的朋友。

凯特的"母鸡之夜"更加神秘。凯特的派对由妹妹皮帕负责安排。为了保密，防止狗仔队偷拍，皮帕预订了四家不同的酒店。

婚礼地点多样选择

英国王室婚礼的举办地点并没有法律规定。早期的英国国王婚礼多在圣詹姆士宫举行。如1683年安娜女王婚礼，1761年乔治三世婚礼，1795年乔治四世婚礼，1840年维多利亚女王婚礼，1893年乔治五世婚礼，均在圣詹姆士宫举办。

圣詹姆士宫是伦敦历史最悠久的宫殿之一，至今仍是英国君主的正式王宫，是女王日常起居的管理中心，查尔斯王子、威廉和哈里王子都在这里生活过。圣詹姆士宫还是伦敦四个有皇家卫兵负责保卫的建筑之一，其他三个是白金汉宫、克拉伦斯馆和皇家骑兵卫所。

不过由于圣詹姆士宫只有100个座位，无法满足上流社会参与王室婚礼的热情。王室需要选择一个更大的场所来举办婚礼。很快，威斯敏斯特教堂被列入首选名单。

威斯敏斯特教堂，也译作西敏寺，官方名称是圣彼得联合教堂，1065年建成。教堂平面呈十字形，全长156米，宽22米。2011年威廉王子在此结婚时，邀请了2000位贵宾，可见威斯敏斯特教堂之大。

第一位在威斯敏斯特教堂举办婚礼的是帕特丽夏公主。1919年2月25日，维多利亚女王的孙女帕特丽夏公主选择在威斯敏斯特教堂举办婚礼，这是605年以来该教堂举办的第一次皇家婚礼。1922年，乔治五世的女儿玛丽公主在此出嫁。1923年，英国国王乔治六世与伊丽莎白·鲍斯·莱昂在此举行婚礼，他俩就是现任英国女王伊丽莎白二世的亲生父母。1947年，英国女王伊丽莎白二世与菲利普亲王在此完婚。

此外，还有圣保罗大教堂。该教堂始建于1675年，长156.9米，宽69.3米，是一座巴洛克风格的建筑，规模比威斯敏斯特教堂还大。1981年，英国查尔斯王子与戴安娜在此举行婚礼。

最后是温莎城堡的圣乔治教堂。该教堂建于1475年，是一座哥特式建筑，里面埋葬了10位英国国王。2005年，查尔斯王子与卡米拉在此举办了一场平民婚礼。

男宾礼服女宾帽子

每当英国皇室举办婚礼，全世界的皇家、贵族、政要、名流都是被邀请观礼的对象。2011年，威廉王子大婚时，婚礼名单上有皇家成员、外国政要、教会领袖和驻英国外交官共计1900人。另外还有100个名额给了威廉王子和凯瑟琳的同学和朋友。

进入威斯敏斯特教堂，皇室成员要坐在教堂右侧。如果新郎不是皇室成员，他就要坐在教堂左侧。

前来参加婚礼的男宾须穿军装、常礼服（男士晨礼服）、西服。常礼服是一种在婚礼等非常正式的场合穿的服装，它的前面是单排扣，后面有燕尾。上衣颜色通常是黑色或灰色，裤子是灰色的。常礼服要配白衬衫、灰色领带、高顶礼帽。

女宾的服装没有严格的要求，但必须庄重，不得暴露，所有女性来宾必须戴帽子。

威廉王子的婚礼上，威斯敏斯特教堂的主任牧师作司仪，坎特伯雷大主教主持完婚仪式，伦敦大主教致贺词。

威廉王子与凯特王妃在威斯敏斯特教堂举行婚礼

乘坐马车返回王宫

　　婚礼当天，皇家新娘一般乘坐四轮马车到教堂。1981年，戴安娜王妃在婚礼上乘坐的就是一辆1881款玻璃马车。这辆马车是皇室在1911年为乔治五世加冕礼购买的。2011年，威廉王子的新娘凯特没有选择马车，而是乘坐汽车与她父亲一起到的威斯敏斯特教堂。当然，这辆汽车不是普通的汽车，而是女王的劳斯莱斯白金版专车。

　　婚礼结束后，威廉王子夫妇乘坐四轮马车返回白金汉宫。这辆四轮马车正是威廉王子的亲生父母——查尔斯王子和戴安娜王妃当年结婚时乘坐的那辆。

威廉王子和凯特王妃乘坐四轮马车返回白金汉宫

花束中须有爱神木

爱神木，亦名桃金娘、长青花、番樱桃、加州桂，原产于地中海沿岸，芳香宜人，常被人用来做婚礼花环，表示对新人的祝福，也称"祝福木"。1840年，维多利亚女王和艾伯特王子结婚时，她采了一束爱神木放在自己的新娘花束里。婚礼结束后，维多利亚将爱神木种在了怀特岛自己家的花园里。从此，每位英国皇家新娘结婚时都要采一株爱神木放在自己的新娘花束里。2011年，王妃凯特在婚礼后，依照女王母亲当年的做法，将新娘花束献给了威斯敏斯特教堂的无名战士墓，以示对国家英雄的敬意。

威尔士金皇室婚戒

1923年，现任英国女王伊丽莎白二世的母亲结婚时，佩戴了选用威尔士黄金为材质打造的结婚戒指。从此，威尔士黄金戒指成了英国皇室结婚必备之物。

威尔士黄金，产于北威尔士多尔盖莱的金矿。它的价值是澳大利亚和南非黄金的3倍。由于传统金矿已经开采殆尽，现任英国女王选择了另一个大金矿的黄金来打造皇家结婚戒指。安德鲁王子的前妻、约克公爵夫人莎拉和凯特王妃的婚戒都是新矿打造的。威廉王子的做法有些反传统，他自称不适合戴珠宝，没有佩戴婚戒。

白金汉宫午餐宴会

英国人的婚礼一般在中午举办，婚礼过后是午餐会，也称"婚礼早餐"。2011年，威廉王子和凯特结婚典礼之后，女王亲自主持两人在白金汉宫的午餐会。当天，有600名贵宾受邀参加婚宴，婚宴是自助形式。宴会上还定有两个蛋糕：一个是水果蛋糕；一个是巧克力蛋糕。水果蛋糕是英国皇室婚礼必备的，也是传统的选择。巧克力蛋糕则是威廉王子自己所爱。

下午1时30分，威廉王子夫妇来到白金汉宫阳台，在万众瞩目下，当众接吻，同时接受民众的祝福和欢呼。这个习俗源自1981年查尔斯王子和戴安娜王妃结婚时的一个情不自禁的拥吻。之后，新人离开皇宫，乘飞机前往蜜月之地。不过威廉王子和凯特并没有在当天出发度蜜月，而是留下来参加了一个私人晚宴以及查尔斯王子举办的宫中夜间舞会。

赐给新人皇室封号

嫁给皇家男性继承人后，女性一般都嫁鸡随鸡，所得的封号来自丈夫的爵位。比如约克公爵和约克公爵夫人就是安德鲁王子的封号。出于对逝去的戴安娜王妃的尊重，卡米拉选择了康沃尔公爵夫人的封号，而不是查尔斯王妃。

2011年，婚礼前几个小时，威廉王子被封为剑桥公爵。凯特自然就成了剑桥公爵夫人。

五、日本皇室的婚俗

日本皇室婚礼既有中国汉唐时代遗风，又有自己民族的特色。以日本裕仁天皇的婚礼为例，整个仪式共计九个环节。

第一个环节：相亲

裕仁（1901—1989），日本第124位天皇，年号昭和。1916年，裕仁被立为皇太子。日本皇室的婚礼历来以父母包办为主，这种由两个陌生的人结合在一起的婚姻，其后果只有品尝过的人才能体会。节子皇后经历的就是这样的婚姻，她不想自己的儿子裕仁重蹈覆辙，就别出心裁地为他安排了一场"暗门相亲"。

所谓暗门相亲，就是节子皇后邀请一些门第显赫、教育良好的11—17岁少女来到皇宫参加选妃面试。节子皇后在房间内一个一个地单独会见候选人，裕仁则在暗门处偷偷观察，选择自己心仪的姑娘。久迩良子，即未来的皇后，便是这么被裕仁相中的。

第二个环节：纳采

纳采是典型的中国传统婚俗，日本至今仍然保留。日本皇室纳采礼仪的程序和内容与中国唐代的纳采礼又不尽相同。

日本皇室举行纳采礼首先要通过宫内省发表布告，告知天下。布告还须说明举办纳采礼的具体日期。1922年6月20日，即裕仁暗门相亲后的第五年，日本宫内省宣告："天皇陛下已经恩准皇太子婚约，预定于7月上旬进行纳采之礼。"

中国唐代皇帝的纳采礼，钦差使者到准皇后家颁制书时，只有准皇后的父亲一人偕随从出门相迎。而日本则规定父母加准皇妃本人均须出门迎接。不过，裕仁的纳采礼由于一位亲王去世，推迟到1922年9月28日举行。

这一天，日本宫内侍从长携带纳采礼物驱车来到良子家，良子父母和良子本人早已站在大门外恭候多时。三人迎侍从长至室内，侍从长将纳采通知书正式交给良子父亲，并说："根据大正天皇和节子皇后的旨意，皇太子裕仁与久迩良子妃今天结成婚约，并举行纳采仪式。"说罢，侍从长将纳采礼物恭敬呈上，包括：清酒2坛、鲜鲷2尾、西服布料5匹、御赐宝剑1把、勋一等宝冠章1枚。

年底，日本宫内省宣布裕仁的婚礼将在1923年秋天举行。谁知日本爆发了7.9级的关东大地震，还发生了难波大助刺杀裕仁事件，导致

青年时代的良子

婚礼推迟到1924年1月26日才举行。

第三个环节：告别

女儿嫁入皇家之前，要和父母做告别，感谢他们的养育。婚礼当天凌晨2时，良子起床梳妆。前往皇宫的时间将至，良子向父母告别，说："感谢父母大人的精心养育，此恩终生难忘。"父母眼含高兴和激动的泪水，祝福女儿幸福快乐。

第四个环节：婚礼

婚礼是在皇宫内举行的。裕仁和良子分别从自己的住处出发，前往婚礼场地。到达后，裕仁和良子要做的第一件事就是换礼服。

裕仁的礼服，上衣为黄丹色的御袍，下穿白绫和服裤，头戴垂着菊御纹红缨的皇冠，手持玉笏。玉笏是玉制的笏板或朝板，是中国古代大臣上朝时用来记录皇帝旨意的工具。它最早可能起源自商周，明代规定五品以上官员持象牙笏板，清代不再使用。

良子的礼服名叫"十二单"。这是一种皇族女性大婚时才可以穿的礼服，从里到外，加上腰带等饰物共计十二件，非常华丽。据说需要耗时三个小时才能穿好。而且身份越尊贵，所穿的层数越多，曾有贵族穿过十六单。

婚礼的第一个重要节目是祭祀，也称"贤所大前之仪"。贤所又称温明殿，是日本皇宫宫中三殿之首（宫中三殿有贤所、皇灵殿和神殿），里面供奉着神道教三种神器——勾玉、神镜、神剑的神龛。皇室成员的结婚仪式、成年式都在贤所举行。在庄严的日本乐曲声中，裕仁和良子由司仪引导，缓步进入贤所正殿。在贤所神像前，裕仁站在左边，良子站在他的右侧，夫妻双双行四巡叩拜大礼。然后裕仁将玉笏交给司仪，司仪再交给内掌典，内掌典将其供奉于神镜前面。然后裕仁高声朗读成婚告文，向列祖报告大婚喜讯，曰："值此吉日，贤所神前，谨行婚礼。从今往后，相亲相爱，誓不变心。地久天长，祈神佑护。"

第五个环节：合卺

从贤所出来，司仪向裕仁和良子献上日本米酒，两人准备进行合卺酒仪式。合卺酒，在日本也称"三三九度"，是用三组酒杯共举行三次，每组三杯。第一组由新郎先喝，然后是新娘喝，新郎接着喝第三杯。第二组是新娘先喝，然后是新郎，最后是新娘喝第三杯。第三组则是一起喝。不过，由于婚礼时间仓促，现在多数日本合卺酒已经简化为只喝三杯。

之后，来宾纷纷上前向裕仁和良子行跪拜礼祝贺。停泊在东京湾港口的军舰鸣放礼炮101响。然后，裕仁和良子来到皇灵殿和神殿，婚礼大典结束。

第六个环节：夜饼

晚上，裕仁和良子在皇太子行宫——赤坂离宫举行"三个夜饼之仪"。这个仪式起源自日本平安时代，原本在婚礼后的第三夜举行，后改为从新婚之夜起连续三晚吃夜饼。

21时，侍者在桌上整齐摆放4只银盘，每个盘子里堆放着21个精美白饼。白饼数是按照新娘年龄而定的，当年良子正好是21岁。白饼上供奉着伊邪那歧和伊邪那美二神，祈祷裕仁和良子健康长寿。伊邪那歧是日本神话里的父神，伊邪那美是他的妹妹也是他的老婆。两人忠贞的爱情故事，是对所有日本新人最好的祝福。裕仁和良子品尝白饼和美酒，他们的婚姻生活正式开始。

裕仁和良子婚后照

第七个环节：朝见

第二天一早，裕仁和良子梳洗过后，穿上正式的礼服，前往位于静冈县的沼津行宫，朝见父母——大正天皇和节子皇后夫妇。静冈县，位于东京市与大阪市之间。沼津行宫，现在是沼津御用邸纪念公园，已经对民众开放。

由于大正天皇夫妇没有参加裕仁和良子的婚礼，所以裕仁夫妇要在朝见时，向父母汇报婚礼的情况，并接受来自父母的祝福。

第八个环节：婚宴

由于大地震的缘故，裕仁和良子的婚宴推迟到当年的5月31日才举行。虽然日期推迟，但婚宴规模依然盛大隆重。婚宴在日本皇宫的丰明殿举行，共有3700位贵宾参加。丰明殿是日本皇宫的大型宴会厅，是天皇招待国宾和大臣，举办盛大宴会之所。

第九个环节：蜜月

裕仁和良子首开日本皇室蜜月旅行的先河。日本皇室本来没有新婚蜜月旅行的惯例，但由于裕仁和良子受过西方教育，还是选择了外出蜜月旅行。他们的目的地是位于福岛县翁岛的高松宫别墅。高松宫别墅是一座完全由扁柏木材建造的和式平房建筑，目前为福岛县迎宾馆。

裕仁和良子夫妇在那里尽情享受了20多天，美丽的猪苗代湖令他们流连忘返。两人后来共生育7个孩子。他们也是日本历史上第一对实行一夫一妻制的天皇夫妇。

第三章　平民婚礼

一、北京娘家备喜筵

老北京婚俗，礼仪讲究，程序繁杂。从问名礼开始，按顺序要经过16道礼数，方能修成婚姻正果。

礼数一：问名

旧时北京，男家看中某家女儿，便遣月老（冰人）前去问名。细心的读者会发现，为什么这里只提问名，而未见纳采呢？《宋代·礼志》规定："士庶人婚礼，并问名于纳采，并请期于纳征。"其实，宋代以后，纳采与问名作为婚礼的礼制已经合并为一项。问名，除了问女方姓名、生辰八字以便男方家卜问吉凶外，还要问女方生母姓氏，以辨嫡庶。旧时，男人可以娶一妻多妾，妻生子女为嫡出；妾生子女为庶出。嫡出高庶出一等。民国大总统袁世凯就是庶出，有一次，他的大老婆以此讥讽，让他恼羞成怒，从此再未与她同房，所以袁世凯嫡子只有袁克定一人。除了嫡庶，还要问门第、职位、财产、容貌、健康等自然情况。可以说，在崇尚媒妁之言的时代，问名是婚俗中最重要、最关键的一环。用现在的话讲，这就是把关。只不过把的都是自然因素的关，至于双方性格是否能够融洽，并不在问名之内。

礼数二：合婚

月老将女孩的生辰八字交给男家，然后将男孩的生辰八字交到女方家。如果两人八字相合，就有成亲的可能，此举就叫合婚。

北京风俗还有一种撞婚。撞婚，是由男方或女方的长辈做主促成婚姻，不经过互换生辰八字这样的合婚环节。如果说合婚是"媒妁之言"，那么撞婚就是"父母之命"。

礼数三：婚书

合婚后，男方须准备好婚书，然后选择吉日，请求月老登门呈递。婚书的格式，因时代差异、社会地位等因素，并无统一的模板。下面的婚书（请书式）是宣统年间最为简洁的一种：

请书式：

仰候玉音

眷姻弟×××率男××顿拜

冰人×××

乾命某年某月

宣统 年 月 日

女方收到婚书，要做回复。如果同意这份姻缘，就是允婚，那么就要做一份允婚书交给月老，由其带回给男方。允婚书格式如下：

允书式：

谨蒙金诺

眷姻弟×××率×女顿拜

冰人×××

坤命某年某月

宣统 年 月 日

礼数四：定礼

换过婚书，这门亲事就算定下来了。男方要遣派一名"全福太太"到女方家下定礼。全福太太是指父母、公婆、丈夫、儿子俱全的女人。定礼可以是头钗、玉镯、花钿、布帛，以及羊肉、水果、烧黄酒、饼等。这份定礼也称小定，而大定则是聘礼。

礼数五：聘礼

聘礼，也称大定、过礼，俗称下茶，是正式婚约。女家收到聘礼后，不能悔婚，否则要交官府杖责六十板；男家可以悔婚，但不能索回聘礼。聘礼一般在定礼后一至三个月内送达女家，它的仪式隆重且喜庆：男家请来"喜轿铺"用大红轿子抬着礼物上门，第一台轿子送的是龙凤喜帖，上面工整书写着结婚日期；第二台轿子送的是"鹅笼

老北京婚俗定礼

酒醴"，这是以鹅代替雁，作为见证婚姻忠诚的信物，鹅须用染料染成红色。酒则取黄酒、白酒各一坛，有"金银二酒"之名。此外，还要送女方衣服、首饰、果饼等物。

聘礼既然称作下茶，那么茶则是必不可少的。"茶不移本，植必子生"，茶树不能移植，移植则不生，古人取茶树从一而终之意，用其为聘礼。男方送聘礼为"下茶"，女方受礼则为"吃茶"。

礼数六：催妆

催妆之意，就是催促新娘抓紧时间梳洗打扮，迎亲的日子马上就要到了。临近婚期的前三日，男家准备嫁衣、脂粉、鸡席，派女宾二人前往女家催妆。鸡席，是指以鸡肉为食材所做的酒席。

礼数七：铺床

铺床，也称搬妆奁，送嫁妆。婚礼前一天，女家派人到男家铺设新房卧具，称铺床或铺房。铺床，顾名思义，就是准备床上铺盖的用品，包括被褥、床幔、窗帘等，不包括家具。北京婚俗，铺床时女家也须备鸡席送至男家。铺床妆奁的丰俭，以各家经济能力为准，不会互相攀比，崇尚奢华。

礼数八：花烛

结婚前一天，是花烛日。花烛日，男家女家分设酒席招待前来贺礼的亲戚朋友。

礼数九：喜筵

婚礼当天，鼓乐欢奏，随行亲友高举两根大红喜烛在前，新郎骑马在后，来到女家迎亲。新郎行大礼拜见新娘父母后，要在女家吃完喜筵才能返回。喜筵是由女家精心准备的，这与后来的"离娘饭"不一样，因为"离娘饭"是男家送与女家的酒席。

礼数十：合卺

吃过喜筵，新娘与新郎向女家父母行礼告辞，然后返回男家。到男家后，新郎新娘正式拜天地，然后行合卺礼。合卺礼其实就是交杯酒，其仪式与笔者前面介绍的大同小异，这里不再赘述。

原始社会的彩陶合卺杯，1972年出土于河南省郑州市大河村遗址，现藏于郑州市博物馆

礼数十一：点茶

结婚第二天，女家要上门送果品等物，俗称点茶。

礼数十二：馃饭

结婚第三天，女家还要送一桌酒席到男家，俗称馃（nuǎn，音暖）饭。

礼数十三：会亲

新娘回门之前，要行庙见礼。庙见，就是新郎率新娘到夫家宗庙祭告祖先，以示此婚姻得到祖先的祝福和同意。庙见，也表示新娘加入夫宗，是成妇之礼。不过，庶民之家是不行庙见礼的。庙见之后，女家亲戚都被邀请到新郎家做客吃酒，俗称会亲。

礼数十四：回门

婚后第九天，新郎新娘回到女家，俗称回门、归宁。

礼数十五：回双

婚后第十八天，女家亲戚如果受邀去男家做客吃酒，就是作双九。当然，这天新娘与新郎还可以再次回门，俗称回双。

礼数十六：对月

回双一整月后，女家还要迎女回家，俗称住对月。新娘要在娘家住一个月时间，新郎则可以提前回家，到时女家送新娘返回。住对月期间，新娘要为婆家每人做一双鞋。

二、杭州订婚叫传红

第一步：草帖

草帖，俗称八字帖，帖上书写求亲方的生辰八字，以便对方卜算吉凶。旧时杭州，女家或男家如果相中对方，一般先请冰人（媒婆或媒公）上门送草帖。对方家拿到草帖后，请人卜算八字是否相合。如果八字相合，即回草帖。所回的草帖要书写自己子女的生辰八字，以便对方卜算吉凶。双方问卜后，如果满意，则由冰人通音讯，然后通帖。

第二步：通帖

通帖，也称通细帖。细帖，又称定帖，相比草帖，女家或男家在细帖中介绍的自然情况非常翔实。女家细帖中，要按序列写明三代的职位和名讳，议亲的女儿排行第几位，生辰吉时。此外，还要具体说明陪嫁的房奁、首饰、金银、珠宝、幔帐、田土、屋业、山园等；男家细帖中，要按序列写明三代职位和名讳，议亲的儿子排行第几位，生辰吉时，父母是否健在，何人主婚，可否入赘。此外，还要具体说明其结婚时所能拥有的金银、田土、财产、宅舍、房廊、山园等。

一般由男家出细帖，女家见帖满意后，要回帖。冰人两家通报，择吉日通帖。通帖时，要用大红纸铺在托盘底部，将细帖置于红纸上。通帖后，双方还要相亲。

第三步：相亲

相亲，是指新人在订婚前要见面，看自己是否满意对方。相亲时，男家择吉日备酒礼偕儿子前往女家。男家儿子要斟满四杯酒，女家女儿则斟酒两杯酒，这个礼节意思是说男强女弱。女儿如果满意对方，就以金钗相赠，称为放定。也可以将金钗插于发髻，称为插钗。如果女儿不满意，女家就送彩缎二匹给男家，名为"压惊"，意为"两断"。

相亲时放定，表示女方和男方均已认可对方。放定之后，就要传红，也称下定。

第四步：传红

杭州订婚称为传红，是男女两家互送婚约书和信物的礼节。清末民初，杭州由奢入俭，有过四种传红方式。第一种是金玉如意传红：男家用金玉如意为信物，随婚书一并送到女家，女家则以顶戴为信物，随婚书送还男家；第二种是十全如意传红：男家用金簪一支、银元十枚，女家则因民国成立，顶戴取消，以金银器物和玉件代替；第三种是花果传红：用红丝绵包裹万年青置于两个锡制的盆内，中间放红蛋四枚；第四种是清帖传红：用红色喜蛋花生配婚书。

传红日，两家均张灯结彩、喜气洋洋。中堂供奉主婚姻美满幸福的和合二仙像，像前点燃大红喜烛一对。各自还要邀请亲朋好友吃订婚酒。

第五步：追节

传红之后，每逢初一十五要由冰人互通消息。遇有节日，男家须送衣物、酒果给女家，俗称追节。女家则用精巧女工等回礼。

第六步：送聘

传红之后，择吉日行送聘礼。富裕人家，用三金送聘，即金钏、金镯、金帔坠。帔，是过去妇女披在肩上的饰物。贫困之家，则用银镀代之。女家回礼，多以女红等。送聘之后，不再追节，即节日不再送礼。

第七步：催妆

催妆在迎亲日的头两天。男家须送催妆花髻、销金盖头、花扇花粉。女家则回送金银方胜、袍靴等物。方胜，是古代妇女佩戴的一种首饰，形状由两个斜方形之部分重叠相连而成，意为"同心双合，彼此相通"。

杭州婚俗中女方嫁妆三宝——子孙宝桶，指马桶、水桶、脚盆共三样。子孙宝桶前放枣和花生，希望新人早生贵子

第八步：铺房

迎亲前一日，女家须往男家铺房，挂帐幔，铺设房奁器具、珠宝首饰等物。铺房后，还要暖（餪）房。女家派亲信妇人看守新房，不许外人入内。

下午，花轿要抬至男家中堂。晚间，点燃红烛、灯笼，照耀花轿，俗称亮轿。

第九步：迎亲

迎亲日吉时，男家遣派行郎前往女家迎接新娘。行郎，即男家派至女家迎亲的人，通常为新郎的成年未婚男性亲属或朋友。行郎的工作也不轻松，他们要将花轿抬至女家中堂，还要将花瓶、花烛、香球、纱罗、洗漱、梳妆盒、镜子、裙箱、衣匣等送至女家。女家以辞家筵、别亲酒款待行郎，还要包红包给他们，俗称散花红。

吉时到，鼓乐齐鸣，司茶、司酒互念祝福诗词，催请新娘上轿。新娘上轿坐稳，抬轿四人并不起行，司茶、司酒继续念祝福诗词以求红包。收到红包后，四人起轿，鼓乐大作，一路抬至男家。

在男家大门外，歌者舞者及司茶、司酒等人仍念诗词拦门，以求红包。尅择官手拿装满谷物、豆类、铜钱、彩果的花斗，一边念咒文，一边望门抛撒。围在旁边看热闹的孩子们争相捡拾，俗称撒豆谷。尅择官，也称阴阳生、阴阳人，是专门以星相、占卜、相宅、相墓、圆梦等为业的人。

撒谷豆后，尅择官请新娘下轿。这时，一位女性舞者手捧镜子进入新房，坐于床上，俗称坐床。新房门楣上悬挂着数十条彩帛，新郎步入新房，众人争扯彩帛条，向男家求红包。

新郎进屋后，坐在床右首，新娘坐在床左首，这是正坐富贵礼。礼毕，新郎持槐木简，披挂红绿彩，绾双同心结，倒行出新房。新娘将同心结系于手，头戴销金盖头与新郎面对面而行，俗称牵巾。新郎、新娘来到中堂，立于堂前。

男家请出一位父母双全的女性亲属，用称或机杼挑去新娘盖头，

新人拜高堂

众人方得一见新娘芳容。新人行一拜天地，二拜高堂，夫妻对拜礼。之后，两位新人参拜家庙。礼毕，两人再回新房。

回新房时，新娘倒行，持同心结，牵新郎回房。之后，两人行交拜礼，再坐床。

第十步：合卺

坐床时，礼官用金盘和银盘盛金银、彩钱、杂果入内，并将这些物品撒于帐内。之后，一名女性舞者手持两个酒杯进来，准备进行合卺礼。酒杯底部系着红绿同心结。合卺礼毕，将酒杯一正一倒置于新人床下，意为大吉大利。

然后，新郎在左，新娘在右，各剪下头发一束合在一起，名为合髻。合髻后，新郎用手摘去新娘头上佩戴的花，新娘则用手解开新郎衣服上的绿抛纽。新娘头上的花与合髻要掷于床下。之后，掩帐，新人换装。

第十一步：礼筵

换装毕，礼官引导两位新人至中堂行参谢礼，接受亲戚朋友的祝贺，并拜见长辈。之后，男家女家共进礼筵。礼筵分前筵和后筵两部分，前筵共喝五杯酒，后筵喝四杯。前筵后筵之间，要移坐别室休息小坐。

第十二步：送三朝礼

迎亲三日后，女家要送冠花、绥彩缎、鹅蛋给男家。

第十三步：会郎

两位新人于三日、七日、九日回娘家行拜门礼。女家举行隆重家宴，款待新郎，名曰会郎。会郎时，要回赠新郎冠花、彩缎、鹅蛋。

会郎毕，女家要敲锣打鼓送一对新人回家。

第十四步：暖女会

暖女会，就是女家在迎亲后九天内，遣派厨师到女婿家致酒。

第十五步：洗头

暖女会后，新人回娘家时，娘家都要以冠花、彩缎、合食为礼，让新人带回女婿家，俗称洗头。

娘家回赠新人的新郎冠花、缎被等礼物

第十六步：贺满月会亲

迎亲满一个月后，女婿家摆设筵席，款待亲家及亲眷，俗称贺满月会亲。至此，整个婚礼的仪式结束。

三、福州新娘带铜镜

程序一：问名

问名，在福州婚俗中也称"问字""合婚"，意思是通过卜验八字决定双方能否婚配。男家相中某家女，即遣冰人前往女家询问此女及其家庭的情况。如果女家对男家满意，就将女儿的庚帖交与冰人。男家拿到对方的庚帖后，将两人的生辰八字写在红纸上，然后将其置于祖龛下三日。如果三天之内，家中没有摔破碗碟、家人无病痛等凶兆发生，便可以延请算命先生测卜二人八字吉凶。如果八字相合，双方就可以婚配。

程序二：下大帖

下大帖，相当于古代婚俗六礼中的"纳吉"。问名合婚成功后，男家遣派冰人将写着儿子姓名生辰八字的红帖送到女家。女家则托冰人将写着自己女儿姓名生辰八字的红帖带回男家，这个过程名为交换"鸳鸯帖"。双方通过冰人商定订婚条件、聘礼细节、定聘日期等事宜。下大帖后，就要行订婚礼。

程序三：上盘礼

上盘礼，也称上爿礼、上半礼，俗称定聘，相当于古礼中的纳征。上盘礼是在男女订婚时，男家所送的彩礼。礼品可以是聘金、首饰、礼饼、家禽、羊蹄、猪蹄、布帛、衣服等。男家用红漆拜盒将礼物送往女家，女家接到礼物后，分赠礼饼与亲友，预告女儿的嫁期。女家收到礼物后，要用红漆拜盒盛回礼送与男家。回礼可以是衣服、布料、糕点、礼饼等。男家收到礼物后，也要分赠礼饼给亲友，通知他们家有喜事。两家互赠礼物后，表示已经结为亲家。

程序四：下盘礼

下盘礼，也称下爿礼、下半礼，相当于古礼中的"请期"。男家请算命先生卜算迎娶吉日后，要将吉期通知女家，也称送日单。送日单，一般多在五月，这样女家可以有半年时间准备嫁妆。通知吉期时，男家须再送礼物给女家。礼物可以是羊羔、美酒、绸缎、礼饼等。同时送达的还有礼书两份。女家收到礼物后，必须回礼。礼物可以是鞋帽、文具、糕点、礼饼等。女家收下男家送来的其中一份礼书，将另一份交男家人带回。

女家使用男方家送来的绸缎给新娘做嫁妆，至于礼饼，还是要赠与亲友，并通知他们婚礼吉期。这种礼饼也称定日饼，一般分两种。一种是白面制的芝麻粘面的甜饼；一种是用肥猪肉、花生、芝麻、梅肉、冬瓜糖、果仁为馅，以粳米、糯米、白面制皮，所做的馅饼，也称小礼饼。小礼饼要送五块或十块；甜饼要送三十块或五十块。定日饼往往要做数百斤。亲友收到定日饼，得知确切的婚礼吉期后，就要准备"添箱"的礼物，如布料、首饰等。这些礼物要在出嫁前送至女家，添箱于一个未锁的箱子内。

福州礼饼

程序五：上头杠与安床

上头杠和安床，是婚礼前两天必须举行的仪式，前者发生在女家，后者发生在男家。这一天男家亲友扛着满载礼物的担子来到女家，这就是"上头杠"。"杠"，在福州方言里，指的就是运送嫁妆和彩礼的担子。

"安床"是在男家进行的。在福州，男家负责准备新房和床铺，而室内摆设和床上用品则需女方置办。安床，顾名思义就是将婚床摆放在新房中，然后铺上女家送来的床上用品。负责安床的人叫"好命伫"或"好命侬"，一般是已经生了儿子的伯叔或兄长。安床后，要请男童 "假刘床"，即在床上翻滚嬉戏，期望新人早得贵子。床下要放"芋栽"（长叶芋种），床中要挂"粽姆"（大粽子和五个小粽子），取生育吉利之意。

安床仪式

程序六：迎饮、试妆与迎轿

迎饮，也称办亲。安床的第二天，即婚礼的前一天，女家须将嫁妆送往男家。嫁妆包括家具、衣物、首饰等。迎饮当晚，"好命仆"要将装嫁妆的皮箱一一打开，向亲友展示嫁妆的丰盛。男家还要"开厨"，大办宴席，犒劳亲友。

这天，新娘要在闺房内"试妆"。"试妆"的内容包括脸部化妆、发型梳理、新娘服饰等。还有一点特别重要的是，新娘衣服所有的口袋都要用线密缝，以防娘家的喜气被新娘带走。"试妆"之后，新娘就须寸步不离地待在闺房，等待第二天吉时的到来。

黄昏时，男家亲友会将新人彩轿送至女家，是为"迎轿"。迎轿队伍的规模或因家境贫富而不同，但基本都有灯笼、鼓手、纱灯、凉伞、掌扇等人随行。新人彩轿送至女家后，要置于厅堂正中，下用矮脚凳垫起，等待明日吉时启用。

程序七：接轿

婚礼当天清早，男家派出两位和新郎同辈的青年前往女家迎接新娘，这就是"接轿"。此时，穿戴完毕的新娘正端坐在闺房内，胸前挂着避邪的铜镜。铜镜也称压身镜，佩戴的目的是让新娘在男家平平静静地生活。出门时，镜子的凹面要朝内；将到男家时，还须将凹面朝内。此外，新娘腰间还系有桂圆干一串。如果遇到孕妇或送殡队伍，新娘要将桂圆干掐碎来避邪。

上轿前，新娘要拜祖宗牌位、跪谢父母养育之恩，还要号啕大哭，是为"哭嫁"。新娘父亲要为她"上头"，也就是加冠。新娘头戴的礼冠也称凤冠，以金属丝网为胎，装饰银质凤凰模型，伴以珍珠和流苏。

胸前挂铜镜的福州客家新娘正在过米筛，据说米筛可以阻止邪鬼跟随她入夫家

新娘上轿时，全家尤其是女眷要哭别，这既是礼俗也是真情流露。上轿后，轿前要贴上"轿封"。"轿封"有的写上家族门第，彰显身份；有的就是吉符，用来镇邪驱魔。起轿时，家人要向彩轿撒麦谷，期盼新人幸福、未来顺利。

程序八：婚礼

新娘的彩轿于吉时到达男家门口，男家亲友须燃放鞭炮增添喜气。"好命仆"上前将轿门打开，一名男童手持长柄镜请新娘下轿。

新娘下轿时脚不能沾地，要踏着铺在地上的米筛、红布袋走入洞房，意为传宗接代。洞房内，新郎早已坐在床边。新娘进来后，与新郎并肩坐在床边，这是"坐床"。"坐床"时，新娘往往会将新郎的衣服一角坐于臀下，以求在未来的生活中不受新郎欺负。

"坐床"后，新人要"拜堂"。"拜堂"需四拜，即一拜天地，二拜祖先，三拜高堂，然后夫妻对拜。"拜堂"后，新人回到洞房。新娘"脱装"卸去冠袍，换上另一套新装。这时，家人端上美酒小菜，新人共饮"合卺"酒。

下午，新郎新娘"出厅"到中堂拜见公婆和家族长辈。长辈们接受拜见时，须赠送金饰品做"见面礼"。

晚上，男家大摆筵宴，招待亲朋。筵席散后，亲友还要闹洞房，直至深夜。

程序九：回鸾

新婚第二天，新娘的弟弟等二人来到男家，请新郎新娘回女家，也叫"请回门"。回门时，一般新娘随弟弟先回，新郎晚上才到。不过，有的新人也会选择双双同时回门。

新郎新娘到中堂后，先要奉茶三座，即龙眼干、白枣、普通茶三种，然后跪拜新娘家祖先牌位。之后，"出厅"拜见女家长辈亲人。"见面礼"当然也是少不了的。

女家还要摆上筵席，招待新郎和众亲友。筵席上，女家亲友会让新郎出钱请客，即"撮食"。新郎还要与众人讨价还价，往往需要丈母娘出面调和，直到新郎答应请客为止。

当晚，一对新人还要返回男家，叫"请赶烛"。至此，整个婚礼程序完毕。

四、营口家长拜天地

步骤一：相看

男女两家有意相亲，男家派一名长辈前往女家相看。相看时，女孩要出来为男家长辈的烟袋锅装上一袋烟，双方借机观察对方。如果互相满意，女家则留男家长辈吃饭，双方"定准"婚事。如果不满

东北大烟袋

意，女家不会留饭，男家长辈径行离开。

步骤二：挂钩

"定准"后，男家要遣派媒人前往女家送小定。小定通常是耳环一对，质地金银不限，也叫"挂钩"。"挂钩"后，男家就要准备大定。

步骤三：押匣子

大定时，除各式礼物外，有两个匣子是必不可少的：一是庚帖匣；另一个是银锭匣。庚帖匣里装的是男方女方的生辰八字；银锭匣里则装的是实实在在、货真价实的银子。银数与年龄相等，一岁合银一两。

步骤四：通信

通常，大定时男女双方年龄尚小，需要等待一到两年方能议娶。议娶时，男家请人卜算两个吉期，一个为过礼，一个为娶期，并遣派媒人通知女家，是为"通信"。通信后，女家开始准备嫁妆。

步骤五：猪酒

过礼前两天，男家派人到女家送猪一头，酒二十八斤。富裕之家可以送双份，女家收到厚礼，会在邻里间赚足面子。

步骤六：拜天地

这个拜天地，不是新人之间的拜，而是新人家长之间的拜，可谓是奇怪的风俗。过礼后，男家家长一人亲自前往女家，与女家家长同拜天地，然后烧纸。仪式后，女家摆上丰盛酒宴招待亲家，双方畅饮。酒宴将近结束，女家命人端上清汤四碗，请男家家长"尝汤"。每个汤碗上面用两条红绳作十字交叉，绳子两端坠以铜钱一枚。尝汤后，厨房大师傅要出来"献花"。"献花"是以煮熟的四个猪蹄用盘盛上，猪蹄上插红花，盘边配餐刀一把。男家家长赏钱给"献花"的大师傅，大师傅接到赏钱后，要高声道谢并祝福。

步骤七：装烟

吉期到，新娘进门拜天地后，要将传统礼服换成便装新人服，方能出来见客。为感谢亲友长辈的光临，新娘要为客人的烟斗装烟一次，客人则要奉上"拜钱"以示祝福。新人晚上还要清点"拜钱"，用本子记录下来，以备将来还人情债。

步骤八：管饭

婚礼第二天，女家父母邀集亲友多人，前往男家筵宴，名曰"管饭"。宴毕告辞出门时，男家家长要在家门口一一向女家贵宾敬酒，以示感激。

营口农村婚宴

五、非洲婚俗重家庭

非洲大陆诞生过世界最古老的文明，目前为止，它拥有超过一千个民族和部落文化。每个民族和部落都有自己的宗教和文化，因此非洲各地的婚俗多种多样、各具特色。

虽然婚俗多样，但它们有一个明显的共性——重视家庭。非洲人认为，婚姻是将两个家庭甚至是两个部落联系在一起的纽带，家庭是团结的代名词。婚姻在非洲大陆是神圣的，离婚被认为是不可思议的。一旦双方遇到感情危机，两个家庭就会坐在一起，找出解决办法，避免婚姻破裂。

埃及

过去，埃及青年的婚姻由父母安排，甚至向新娘求婚都是新郎的家人越俎代庖的。宣读婚姻誓言之前，会有一队人通过"扎发"（Zaffa）仪式为婚礼助兴。"扎发"中有人打阿拉伯框鼓，有人吹风笛、喇叭，还有人跳肚皮舞，男人们挥舞闪耀的长剑。"扎发"是个非常古老的习俗，它的产生可能早于伊斯兰教。"扎发"队伍到达婚礼现场后，婚礼正式开始。

摩洛哥

婚礼倒数第五天，是"家具日"。"家具日"与北京婚俗中的铺床、杭州的铺房很像，这天，女家的妇女们要将手工地毯、床垫、挂毯、沙发等家具送到新房。

婚礼前一天，新娘要用牛奶洗浴来洁净自己的身体，整个过程由新娘的女性已婚家人监督完成。她们还要负责新娘的化妆工作、婚纱穿着、首饰佩戴。新娘一定要画上黑眼圈，新娘的婚纱名为"靠

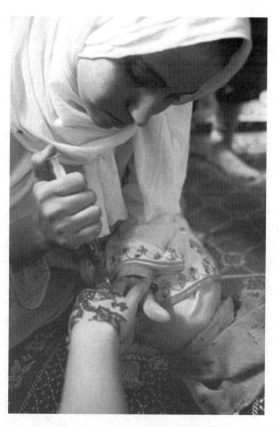

沐浴后，纹身师要为新娘做亨娜（Henna）

夫担"（Kaftan），是非常美丽和庄重的传统礼服。

牛奶沐浴后，新娘的手脚要做"亨娜"（Henna），即画上神圣的"贝比芮思卡"（Beberiska）图案。图案通常由花纹和几何体组成，复杂的图案据说可以防止鬼魂侵扰，为新人带来好运和财富。一般来说，高明的画师会把新郎的名字隐藏在所画的图案里。

许过婚姻誓言后，新娘在返回新房前，要绕新房走三圈，然后才能进屋。

南非

南非的婚礼上有十二样东西是必不可少的，它们是：葡萄酒、花椒、盐、苦菜、水、锅和汤匙、扫帚、蜂蜜、矛、盾、圣经或古兰经。每样东西都代表生活的一个方面，也是代表将两个家庭联合起来的爱和力量的方方面面。

新的生活开始之前，新娘和新郎的父母要各自从自家的火炉里取来火种，将其带到新人的家里，并点燃一束新火，象征一对新人开始新的生活。

苏丹

苏丹婚礼仪式中有个欢迎新郎的环节。在一种名叫"阿布—阿布"的婚礼通告旗帜的引导下，新郎来到婚礼现场。岳母向新姑爷献上一束鲜花，欢迎他成为家庭的一员。同时岳母还要送给新姑爷一句"克瑞斯"（即秘语），希望他不要因为离开自己的父母而伤心难过。

欢迎新郎仪式上，一对新人并肩坐在新房门前的雨伞下，头戴面罩。雨伞遮盖新人，除了实用需求，还表示对新人的尊重。

然后进行"善可幕"仪式，感谢父母的养育之恩。仪式在哥特式怪兽雕塑喷泉前举行，新人弯腰亲吻父母的双膝，请求父母的原谅，承诺永远孝顺双亲。一旁喷泉涌出的水流象征父母对子女源源不绝的爱。一对男女歌手代表新人的父母现场演唱一首新婚歌曲"凯顿"，祝福新人的同时，告诫他们和谐生活，善待彼此。

"碎鸡蛋"仪式决定的是新人未来在家中的地位。仪式中，新郎站在门外，新娘站在门内，伴娘监督整个过程。仪式开始时，要点燃并扔掉七把扫帚，象征抛弃所有对婚姻不利的坏习惯。之后，新郎从伴娘手中接过一枚鸡蛋，并重重摔在地上。鸡蛋破碎后，代表新郎成为一家之

美丽的苏丹新娘

主。新娘要从象征和平的"肯迪"泥水罐里取水为新郎洗脚，然后摔碎"肯迪"，跨过一根原木，走进新房，表示自己永远顺从未来的丈夫。

站在屋外的新郎通过那一对男女歌手的歌声，表达自己要进入新房的愿望，新娘要求新郎坚定自己的穆斯林信仰。在得到肯定答复后，新娘同意新郎进入洞房。这时，伴娘会取来一只辣味烤鸡让新人夺鸡，谁夺得的块儿大，谁将在家里说得算。这个仪式的另一个含义是希望新人共同努力，勤俭持家。

六、东欧婚礼重生育

克罗地亚

新人在传统婚礼上宣布结婚誓言后，女性亲属上前为新娘摘去头巾，一边唱歌，一边为她换上围巾和围裙，表示新娘已经正式成为人妇。然后所有来宾绕水井走三圈，代表神圣的三位一体。来宾们还要向水井里抛扔苹果，祝福新婚夫妇多子多福。

捷克

婚礼前，新娘的好朋友要在花园里为她栽种一棵树，树上挂满彩带和彩色的蛋壳，祝愿新娘像这棵树一样长寿。婚礼前夜，好友们还

捷克新娘的朋友们送来装饰彩球和飘带的树

要送新娘一顶代表智慧、爱情、忠贞、浪漫的迷迭香做成的花冠。

宣读婚姻誓言前，要将一名刚出生的婴儿放在新人的床上，祝福他们多子多福。新娘会得到三只有盖的盘子：一只装满小麦代表生育；一只将小米和烟灰混合在一起，要求新娘筛选，考验其耐心；一只装的是麻雀。

婚礼开始时，要将一只盘子在新人脚下打碎，然后由新人将碎片扫在一起，表示两人一生共同努力，和谐相处。

婚礼结束后，新娘的结婚面纱要换成妇女戴的传统软帽。

匈牙利

传统婚俗中，伴郎的责任非常重要。他须亲自去拜访和邀请每一位婚礼嘉宾，还要负责安排长达三天的婚庆活动。

婚礼当天，全村的人都要陪伴新娘前往新郎的家或教堂。新娘坐在一辆装饰精美的马车内，一路上接受人们的祝福和敬酒。匈牙利也

匈牙利新人坐马车前往教堂

有抢婚的习俗。

新娘到达新郎家后，公公婆婆要向她敬酒一杯。新娘干杯后，把酒杯向后掷过肩膀，将其摔碎。新娘还要将地板上的一枚鸡蛋打碎，预示自己所生的孩子会健康。之后，有人会将一小袋硬币撒落在地板上，新人还要打碎一个盘子，地板上满是硬币和盘子的碎片。新娘要将硬币从中挑出，以展示她的勤劳。盘子摔得越碎，表示未来的婚姻将越美满。

匈牙利的婚礼一般分世俗婚礼和教堂婚礼两部分。一对新人首先在法庭举办世俗婚礼，证婚人要两个以上才为合法。之后众人前往教堂举办婚礼。新人坐在教堂门前，宾客一一上前，或读诗，或唱歌，或回忆，祝福新人幸福美满。

依照传统，订婚时，新人要将婚戒戴在左手上。教堂婚礼结束后，新人要将婚戒戴在右手上。新娘还要送新郎三或七个手帕作为礼物，因为三和七是幸运数字。新郎要送新娘一小袋硬币做礼物。

波兰

波兰未婚姑娘的标志是梳着传统的单根发辫。婚礼前夜，新娘母亲或其女性亲属要为新娘重新梳头，将单根辫梳成双辫，表示她马上会步入婚姻殿堂。

进入婚礼现场，新娘的面纱会被揭开，表示她已经走入婚姻，成为一名已婚妇女。新郎要戴上一顶滑稽的帽子，象征未来的生活充满快乐和笑声。

婚礼上人们热情起舞，到处都是波尔卡的乐声。"随礼舞"是波兰婚礼上的亮点，宾客们将随礼的份子钱夹在新娘的礼服上，伴娘身着围裙，紧随新娘，保管这些份子钱。作为回报，新娘要与该宾客跳一支舞。这些份子钱将用来支付新人的蜜月旅行。新娘与到场的每一位宾客跳过舞后，宾客们会围成一个紧密的圆圈，将新娘包围在里

波兰婚礼上必不可少的三种食品：面包、食盐、葡萄酒

面。新郎在外面要竭尽全力突破圆圈，一旦成功，新郎要抓住自己的新娘快速"逃离"婚礼现场。当然，随礼的份子钱一定要一起带走，这样，蜜月旅行的开销就有着落了。

波兰婚礼的食物中有三样是必不可少的：面包、盐、葡萄酒。面包代表新人一辈子不会挨饿；盐告诉新人生活中会有困难，要努力适应和应对；葡萄酒祝福新人一生不会口渴，且幸福美满。

俄罗斯

俄罗斯传统婚礼一般历时两天，音乐、舞蹈、宴会和美酒是婚礼中最耀眼的元素。婚礼开始时，一位新人的亲属或好友向新郎和新娘敬酒。然后，来宾们依照传统，将手中的香槟酒杯摔在地上。酒杯摔

俄罗斯出生的法国籍画家马克·夏加尔1909年创作的油画《俄罗斯婚礼》

得越碎，表示未来生活就越美好。

东正教的婚礼上，一对新人首先要跑步冲向一块特殊的地毯，谁先到，谁就会是未来的一家之主。这个充满娱乐性的礼仪过后，新人要在这块地毯上宣读结婚誓言。

乌克兰

乌克兰婚礼上没有结婚蛋糕，而是传统面包——可罗瓦。可罗瓦面包呈圆形，是用小麦面粉制成，通常会加入坚果、水果等提升口味。可罗瓦面包上还会装饰些烘焙制成的小鸟、月亮、太阳等象形小面包，表示新人婚后将和谐团结地生活。婚礼上，新娘要被朋友从婚礼现场抢走，象征这个国家遭到的长期侵略。

乌克兰婚礼面包可罗瓦（Korovoi）

七、西欧婚礼重婚戒

订婚戒指起源于西欧。公元860年，教皇尼古拉斯一世宣布订婚戒指是达成婚姻协议的唯一标志，其材质须为黄金。新郎赠送给新娘黄金婚戒，象征其对未婚妻慷慨大方，肯于奉献。

钻石婚戒的出现是617年以后的事。1477年，奥地利大公麦士米尼倾慕美丽的勃艮第公主玛丽，向其赠送一枚钻石婚戒，从此，钻石成为女孩子最心仪的订婚信物。

奥地利

求婚时，准新郎会请亲戚或朋友前往准新娘家告白。如果路上遇到盲人、和尚、孕妇，则被视为不吉利。相反，如果遇到山羊、鸽子或狼，人们则认为这段姻缘将会美满。

准新娘姓氏的首字母与准新郎的相同，被认为是不祥。由于结婚后要随夫姓，所以在婚礼前，禁止准新娘练习书写自己的新名字，因为这样会带来厄运。

婚期的选择也有说道。奥地利民谚：周一富；周二康；周三吉；周四损；周五苦；周六凶。当然，现在的婚礼普遍都在周六举办了。

准新娘绝对不许自己缝制婚纱，甚至婚礼前，准新郎看一眼婚纱都被视为不祥。婚礼前，准新娘也不能试穿全套婚纱或礼服。很多准新娘的婚服都留下最后一针不缝，直到婚礼前，才将此针补上。

新娘的手捧花一定不能有红色和白色，因为红色代表鲜血，白色代表绷带，都是不吉利的。不过，这样的禁忌现在已经不被人们看重。新郎的胸花一定是新娘手捧花里的一种，这是爱的表达，相传古代骑士都要与妻子穿同样颜色的衣服来表达爱意。

新娘离开娘家前，最后看一眼镜子中的自己会带来好运。不过，已经离开家门，千万不要返回来照镜子。去往婚礼现场的路上，如果看到烟囱、蜘蛛、黑猫和彩虹，预示婚姻将会非常幸福。

比利时

比利时人结婚的请柬由两张纸组成，一张代表新娘家，另一张代表新郎家。这种婚礼邀请函展示的是两个家庭的结合。

在唱赞美诗时，新娘和新郎走到新郎的母亲面前。新娘向婆婆献上一枝花，然后两人拥抱，象征新娘接受新"妈妈"。

比利时人的婚礼有个特殊的传统——刺绣手帕。新娘要随身携带一条与众不同的刺有新娘姓名的手帕。婚礼后，新娘家要将刺绣手帕镶在镜框里，然后高挂在家里最显眼的墙面上。当新娘家里有第二个女性结婚时，家里会将手帕从镜框中取出，绣上新人的名字，以此类推。刺绣手帕代代相传，是比利时人的传家宝。

据说，左手中指的血管直通心脏，婚戒代表无尽的爱。婚礼结束

比利时新娘婚礼手帕，上刺"多米尼克·莫乐思；2011年3月12日"

时，新娘将婚戒褪下，戴在新郎左手中指上。这样，新娘的爱就可以直达新郎的心中。

婚礼结束时，两位新人还要行接吻礼，这是新人正式成为夫妻后的第一吻。这一吻也代表着两位新人用呼吸感知对方的灵魂。

走出教堂时，伴娘将事先准备好的硬币抛向观看婚礼的人们，希望借此给新人带来好运。

古代蜜月期间，男方家人须畅饮蜂蜜酒和葡萄酒，时间通常为二十八天。蜜月的时间之所以这么长，是因为男家要防止女家抢回女儿。过了蜜月，两位新人就可以安心过日子了。

英国

英国婚礼上，童女走在最前面撒花瓣，希望给新人带来好运。伴娘们的礼服与新娘的相近，这样觊觎新娘的人就不会辨出谁是新娘。英国传统婚礼上新人要在教堂门外交换婚姻誓言，这样，所有观礼的人都可以为他们作证。

婚礼蛋糕通常为水果味的，由葡萄干、大杏仁、樱桃和杏仁糕制成。蛋糕的第一层名为"洗礼糕"，新人要保存起来，直到他们的第一个孩子受洗时，方可食用。与结婚蛋糕作伴的还有一个"新郎蛋糕"。新郎蛋糕产生于都铎王朝，传统为水果味，如今人们更喜欢巧克力味道。

巧克力味的英国新郎蛋糕

法国

如今新娘钟爱的白婚纱源于数百年前的法国传统。婚礼中用于装点气氛的鲜花和新娘的手捧花也是源于法国。就连英语里的"嫁妆"一词也是法语的外来语。

有些法国的乡村至今还保留着传统的婚礼习俗。春夏时期，天气温暖，婚礼钟声时有耳闻。婚礼当天的早晨，新郎来到新娘家，两人一起前往教堂。村里的孩子会站在道路的两边，拉扯一条白色的绥带。新娘走到绶带前，会用剪刀将其剪为两段。婚礼前，新郎须陪伴自己的母亲走到教堂前面。新人离开婚礼现场时，过道要撒满月桂树叶为他们祝福。

婚礼祝酒时，新人要用家传的高脚酒杯。新婚之夜，新人的朋友也要闹洞房。通常，新人会邀请他们进屋喝一杯。

德国

德国的女孩出生时，家里人就要为她种几棵树。等她长大确定嫁期后，家里会将树卖掉，为她筹集嫁妆。婚礼前，新人的家属和朋友们会为他们制作一份"新婚报"。报上的内容多为新人的照片、文章和恋爱故事。这份报纸要在婚礼现场售卖，所得款项用来支付新人的蜜月开销。

传统德国婚礼为期三天。第一天是法律仪式，一般在市政厅举行，参加者多为近亲和密友；第二天上午是婚礼庆祝典礼，新人要使

德国新人锯木头的婚俗

用一把手锯共同锯断一根木头，象征两人在未来的日子里将会一起克服各种困难。第二天晚上，新人邀请所有的朋友、邻居、同事前来参加典礼。典礼上，宾客们把从家里带来的旧盘旧碗当场摔碎，然后由新人将碎片扫在一起，预示未来的生活将不会再有破碎之处；第三天是宗教仪式，新人行跪礼时，新郎的膝盖要压在新娘的婚纱上，预示自己在未来的家里会"穿裤子"，即当家。同样，当两人站立时，新娘要站在新郎的脚上，显示自己要当家。

爱尔兰

爱尔兰的婚戒名叫"克拉达戒指"，它的图案是两只手捧着一颗心，心上嵌着一顶桂冠。双手象征真诚；桂冠象征荣誉；心脏象征爱情。戒指上镌刻的名言是：让爱情和友谊主宰。"克拉达戒指"的佩戴有讲究。如果一名爱尔兰妇女将其戴在右手，且戒指上的"心"形向下对着指甲方向，表示这名妇女是未婚；如果"心"形向内对着指关节，则表示该人已定婚。如果"克拉达戒指"戴在左手上，则表示该名妇女已婚。

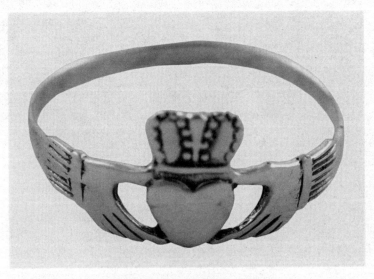

爱尔兰特有的"双手捧心"婚戒

爱尔兰新郎和新娘要一起走向婚礼教堂。路上，人们会撒大米向新人祝贺，也会抛扔锅和盘表示祝福。古时的爱尔兰新娘会穿蓝色的礼服，因为当时蓝色代表纯洁。1499年始，代表贞洁和纯洁的白色婚礼服才开始流行。新娘的手捧花里须有代表爱情、忠贞、奉献和幸运的薰衣草，象征婚姻的幸福长久。为祈求幸福，新娘还要将头发编成辫子。最幸运的结婚日是3月17日，圣派翠克节。

意大利

意大利是莎士比亚笔下爱情人物罗密欧与朱丽叶的故乡，英文"浪漫"一词就是源自意大利语"罗马"。

过去，意大利订婚仪式由新娘和新郎双方家庭共同参与。门第观念是重中之重，如果新娘的父亲对新郎及其家族有丝毫疑问，婚事即告吹。一般，新郎家会请媒人至新娘家说亲。如果新娘家认为新郎家情真意切，便会选择接受。

15世纪时，意大利人结婚便开始使用钻石戒指，因为他们相信钻石是爱情的火焰烧制而成的。新娘的嫁妆通常由家居用品、服装等组成，新娘甚至会为新郎准备服装。娘家会为新娘准备彩礼钱和生活用品。为防止鬼怪，新郎会随身带有一个铁器，而新娘则戴上面罩。结婚戒指交换之前，新娘佩戴任何黄金饰品都被认为是凶兆。

婚礼上，新娘手挎缎子面小包用来装宾客们的份子钱。这个小包可以是新娘的祖母保管，也可以由新娘自管，这样男宾邀请新娘跳舞时，便可将份子钱放在包内。

婚礼仪式结束后，新郎新娘要摔碎一个玻璃杯子，表示两人未来要永远幸福地在一起。有些婚礼还会放飞一对白色的鸽子，象征新人的爱情和幸福。

酒过三巡后，婚礼气氛一旦安静下来，就会有男宾出来大声敬酒。敬酒词多为"新郎新娘万岁""为新郎新娘欢呼"等。众人听到敬酒词，立即欢呼响应，推高婚礼气氛。

荷兰

荷兰是"新娘浴"的发源地。所谓"新娘浴"，并不是真正的洗浴或淋浴。在荷兰，如果新娘的父亲对未来女婿不满意，他会拒绝给女儿准备嫁妆。这时，新娘的朋友们会为新娘筹集嫁妆，帮助她完成婚礼，这就是"新娘浴"。

婚礼前一天，男家和女家要举办一场聚会庆祝新人的喜事。聚会上，一对新人端坐在主位，头顶松树遮阴，接受亲朋的祝福。

婚礼上有两道硬菜是必不可少的：一道是叫作"新娘糖"的甜肉；另一道是叫作"新娘泪"的辣味葡萄酒。

婚礼后，新人要在自家的房前屋后种上铃兰花。这种花寓意"幸福的回归"，每年花开时，就是夫妻二人回忆甜蜜的日子。

美丽的铃兰花

葡萄牙

婚礼上，新娘的鞋子要从头传到尾，宾客们将礼金塞入鞋内，新人用这笔钱支付蜜月的开销。婚礼通常在饭店举行，食物很丰盛，葡萄酒是必备的。人们载歌载舞，祝贺新人。"礼金舞"是葡萄牙婚礼的一大特色，年轻男士们纷纷邀请新娘跳舞，与新娘跳舞的人要将礼金放入一只在舞池内传递着的新娘的鞋子中。

苏格兰

苏格兰文化在欧洲是特立独行的，就连婚礼的习俗也不例外。中世纪时，教堂发布结婚公告，这份公告须连续三个周日发布三次。

"背石篮"是苏格兰另一个传统婚俗。新郎要背起一篮子沉甸甸的石头，然后从村头走到村尾，甚至要走到镇上，直到他的心上人从家里出来吻他为止。

苏格兰婚礼仪式分两步：首先是在教堂外，由牧师用苏格兰语祝

苏格兰风笛手引领新人及嘉宾前往婚礼现场

福。之后，众人移步教堂内，牧师用拉丁语再次送上祝福。

婚礼结束时，新郎新娘交换戒指——无缝的戒指代表无尽的爱情。戒指交换后，新人要在众宾客面前接吻。仪式结束后，风笛手引导众宾客来到婚宴场地，众人彻夜狂欢为新人祝福。

西班牙

准新郎的求婚请求获得同意后，按照传统，他要赠送给未来岳父一块手表。新人在教堂交换婚姻誓言之前，新郎要送给新娘十三枚硬币作为礼物，这些硬币表示新郎永远支持新娘。新娘将硬币放在一个小袋子里，随后两人前往婚庆地。婚庆时，宾客们会跳起传统的西班牙舞蹈，并向新人献上礼物。

瑞士

瑞士姑娘结婚时头戴象征少女身份的花冠或花环。婚礼仪式上，新人交换婚姻誓言后，新娘要将花冠或花环摘下并烧掉。如果花冠或花环很快烧尽，会给新娘带来好运。新婚后，新人要在新家的院子里栽种一棵松树，希望未来生活会有美满的结果。

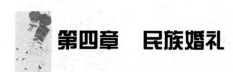

第四章　民族婚礼

一、蒙族婚礼不离羊

订婚宴上掰羊颈骨。蒙古语里动物的颈骨叫作"不兀勒札儿"，订婚筵也称"不兀勒札儿筵"。订婚筵上的"不兀勒札儿"专指羊颈骨。准新郎在定婚筵上用力掰开坚硬的羊颈骨，象征着他对爱情和婚姻的坚定和忠诚，有"好马一鞭，好汉一言"之意。在准新郎掰羊颈骨前，新娘家的亲友会在颈骨里放置木条或铁条以增加难度。增加难度一方面是考验新郎的决心，另一方面是为了活跃宴会气氛。现在，掰羊颈骨的习俗多在婚礼当天举行。

迎亲宴上献整羊。婚礼当天一大早，新郎前往新娘家迎亲。到达新娘家，新娘家要设酒席招待亲朋。酒席后，开始吃肉。吃肉的仪式从献羊始。首先，男家女家各献上一只完整的烤全羊。两只羊，一只放在男宾席前，一只放在女宾席前。席间年纪最长的男人站起，在羊荐骨部位的两侧切两刀，之后，他将切肉刀交给主婚人。主婚人顺着刚才的刀口切下两片羊肉，并将一片羊肉横放在荐骨上，长者将另一片羊肉放在蒙古包内一个箱子的上方。仪式毕，主婚人将整羊卸开，并一一放在男宾客面前。女宾席前的羊肉由新娘的嫂子卸开，并放在女宾面前。每个宾客面前都有肉后，主持人高声道："诸位客人吃

蒙古婚礼上献全羊仪式

肉。"吃肉后，主人要给宾客敬酒和酸奶。新郎当晚要留宿女家，第二天启程带新娘回家。

正式婚礼用羊头。新郎新娘第二天回到新房举办正式婚礼。新郎新娘到达新房时，新房前铺着毛毡，毛毡上有一个小桌。新郎新娘站在桌前，有人递过来一只羊胫骨，新人接过来，分别抓住羊胫骨的两端。歌手唱起祝福歌，新人向日月三叩头。新人叩头后，双双走进新房。主婚人手捧羊头，先在新郎左脸上蹭三下，后在新娘右脸上蹭三下，然后将羊头从新房大门扔出。站在大门外的宾客上前争抢羊头。如果是新娘家的人抢到羊头，新郎家要用哈达和礼物把羊头换回来。这个仪式完成后，新郎新娘正式结为夫妻。

二、壮族婚俗特色多

考核女婿。广西百色的靖西、德保、那坡等县，结婚前有举办宴会考核准女婿的习俗。订婚后第二年正月，女家准备丰盛的酒宴邀请准女婿赴宴接受考核。这次宴会对勤劳聪明的小伙子来说是场喜宴，但对那些懒惰无知的青年来说则是"鸿门宴"，因为女方的父亲可以根据考核成绩决定这份婚姻的未来。为了应对考核，准新郎一般由见多识广的"陪郎"相伴一起赴宴。宴会上，女方的父亲和父辈人等会出题目考问新郎，考问的内容包括农耕、栽培、饲养、持家、天文、地理等各方面的学问。新郎每次听到提问，都要恭敬认真地回答。遇有难以回答的问题，"陪郎"要提示新郎，为其解围。如果准新郎学问浅薄，答非所问，再加上不懂礼貌，难得长辈好感，甚至会导致婚约失败。

陪嫁布鞋。广西凌云县壮族姑娘一般在出嫁前半年就开始准备陪嫁布鞋。陪嫁布鞋样式为新浆洗白布糊底，内衬花色里面，四周绣花鸟吉祥图案，鞋底纳漂白麻线。陪嫁布鞋一般由出嫁的姑娘亲自缝制，用来向婆家展示灵巧手艺。陪嫁布鞋少则制作10来双，多则制作50双。除留给自用外，其余要送给婆家长辈。距离凌云县140公里以外的河池市的壮族姑娘一到嫁龄，便开始在家做陪嫁布鞋。当地的布鞋以桌为单位，一桌为8双，通常要做1—4桌布鞋。

牛车接亲。广西柳江、象州、来宾三县交界处的壮族同胞有用牛车迎娶新娘的传统。男家在娶亲前，由村中最受人尊重的长辈出面，选择接亲的牛车。牛车一般要选3辆，2辆坐人，1辆拉彩礼。新人所坐的牛车上面要用红色纱帐装饰。新郎坐牛车到新娘家，女方亲友设阵唱，起拦门歌，新郎要对歌。女家满意后，方允许新郎进门接走新

壮族牛车接亲

娘。牛车到新郎家门前，男家的2名健壮男青年将牛轭卸下，然后各用一只脚踏在其上，唱起迎亲歌。在歌声中，众人迎新娘进门成亲。

能守仪式。桂西百色等地壮族新郎结婚前夜须接受持家做人的训诫，这个习俗也称作"能守仪式"。结婚前夜，新郎、新郎父母、同族长辈、同族堂兄弟、女家贵宾都应邀前来参加此仪式。说是仪式，其实也是宴会。新郎身穿结婚礼服，由父亲或父辈叔父引领出大门，向东西南北四方各跪拜3次，然后回屋入席。新郎坐中间，陪郎两边落座，共读"能守"词。词的内容主要是兴家立业等。然后众人共唱"能守"歌，歌词内容包括持家、勤劳、品德、互敬等。当天晚上，新娘也在娘家参与"能守"仪式，内容大同小异。

修眉仪式。修眉就是开脸，是少女成为女人的一项传统仪式。姑娘出嫁前，要用红丝线将脸上的汗毛拔去，并修剪眉毛。婚前，男家送给女家的彩礼中，有一样特殊的东西，它就是开脸用的红丝线。红丝线通常为2根，放在一只盛满生糯米的碟子上。同时放在碟子上的还有2个红鸡蛋和4封利市。

三、傈僳婚宴忌青菜

云南楚雄州的傈僳族婚礼一般要举行三天，三天里最重要的节目是婚宴。每天的婚宴都分头旬、二旬、三旬，每旬吃完后再开下一旬的酒席。来宾晚上还要留宿新郎家。

娶亲当天，新郎新娘同坐一席。家中长辈或媒人要为他们各取一个新名字，并致祝词。进餐时，新郎新娘要互换碗筷吃饭，表示两人正式成为夫妻。

四川凉山州的傈僳族婚宴忌用青菜和糯米饭，摆上宴席的是大块

傈僳族婚宴

的方子肉、豆腐、白菜、萝卜等。

婚礼结束时，媒人将新郎新娘请到火塘边，对新郎说："从今天起，新娘就是你的人了。她生是你家的人，死是你家的鬼。你要真心爱她，细心照顾她。她生病，你要为她医治；她死去，要埋入你家的墓地。她还是小姑娘，不懂世事，你们要和和气气、快快乐乐地生活在一起。"

媒人还对新娘说："从今天起，你正式成为这个家庭的一员。要听公公婆婆的话，听丈夫的话，帮助夫家，幸福生活。"

媒人还对新人说："你们要互相珍惜爱护，终身不贰，不要轻易提出分手或离婚。男方提出离婚，女方不仅可以不退彩礼钱，男方还要另外补偿女方；女方提出离婚，则要赔双份的彩礼钱。

一番叮嘱后，新娘在家人的陪伴下回到新房。男家为感谢媒人要送给他一个猪头和若干礼物。宾客们酒足饭饱后，还要围着火塘弹琴对歌。青年们则跳舞狂欢，通宵达旦。

四、佤族婚期秋收后

佤族是生活在云南西南部的一个古老的少数民族，他们主要分布在澜沧江以西和怒江以东的怒山山脉南段。这一带也被称为阿佤山，所以佤族的另一个名字是"阿佤山的主人"。

佤族人通常会将婚期定在秋收后，这里有两个主要原因：一是天气。阿佤山的气候分干季和雨季，冬春为干季，夏秋为雨季。秋收后，天气进入干季，这个季节非常适合户外活动。同时，佤族有在正月不能吃酸、甜食品的习俗，所以婚期都集中在了秋收后。二是收入。秋收后，男家和女家卖了粮食后有钱操办婚事，有粮食可以酿酒。

佤族婚礼通常持续四天。第一天，男家杀鸡宰牛宴请宾客，宴

佤族新人

后，宾客起身前往女家继续宴饮；第二天，男家一众人等前往女家送聘礼；第三天，新郎将新娘从女家接回；第四天，新郎新娘共同下地劳动。

五、彝族迎亲抢斗笠

迎亲，彝语里称"西玛习"。迎亲的队伍从新娘家启程时，新娘家要派一名跑得快的亲属先行来到新郎家报喜。男家接到喜讯，自然要答谢报喜者，彝语里称"里活比测"。谢礼一般由现金、猪肉、酒为主。

答谢过报喜人，男家要搭"迎亲棚"迎接新娘及众宾客一行。迎亲棚是一座在室外空地上搭建的简易棚，它前面呈半圆状，主体呈长方形，主要以竹子和松枝为材料。

新娘被新郎背进门时，头戴一顶彝族样式的精美斗笠。新娘在步

彝族新郎背新娘

入迎亲棚之前，男家和女家的亲友虎视眈眈争抢这顶斗笠。按照传统说法，斗笠落在新娘前面对男家有利，落在新娘身后则对女家有利。

新娘进入迎亲棚后，落座在筵席前，新娘舅舅陪在新娘身边，婚宴开始。这时，迎亲棚附近的空地上已经燃起若干篝火，每堆篝火有10人左右围坐宴饮。婚宴结束后，还要举行摔跤、抢树桩、赛食、赛酒等活动。

新婚之夜，新娘与陪伴人等睡在迎亲棚内，新郎睡在他屋。

六、黎族婚俗有槟榔

槟榔原产于马来西亚，属于棕榈科植物，果实可食用，在我国福建、台湾、广东、海南、广西、云南等地都有栽培。黎族人民的婚俗离不开槟榔。

说亲时用槟榔。黎族男青年相中某家女儿，其父母要请媒人到女家说亲，媒人每次上门都要带上一篮子槟榔。头一两次说媒，主要是说明来意和男家基本情况，女家父母仅倾听媒人阐述，并不表达自己的意见。黎族习俗规定，在女家家长未同意婚事之前，男家送来的槟榔女家的女子本人不能食用。媒人第三次去女家说媒时，要带上槟榔和现金，真心诚意地与女家父母商议聘礼。聘礼的数目因各家经济情况不同会有差别，但槟榔还是必不可少的礼物。普通的聘礼需要槟榔一千枚。

黎族婚礼上送彩礼的场面，走在第一位的大姐担的就是槟榔

　　出嫁日，新娘要递送槟榔给父母、兄弟姐妹等至亲。出嫁前，女家要"赎房柱"，就是宴请亲人和同村邻里，并祭告祖先。"赎房柱"的仪式分两次举行，第一次位置在厨房内，家中长者面向后门祷告："各位祖先，今日良辰吉时，某家某女出嫁，现在设宴招待众人，并将其赎出去，望保顺利平安。"第二次家中长者背对后门，面

向大门，祷告祝福。同时，出嫁的女儿先在后门门柱下放置一颗槟榔，口中念念有词向父母告别，为家人祈福。在嫂子的陪伴下，她还要给家里人分发槟榔。分发槟榔的顺序是从父母等长辈开始，往下是同辈兄嫂、姐姐、姐夫依次顺延，此举是表达尊敬与感谢之意。

婚宴时送槟榔。婚宴上，新人在伴郎伴娘的陪伴下为来宾点烟，同时还要送上槟榔。来宾抽了喜烟，接了槟榔，就要往伴娘手提的小篮子里扔进数目不等的喜钱。

可以说，槟榔在黎族人的婚事中是贯穿始终的物品。它是食物，更是礼物和信物。

七、满族嫁妆枕头顶

枕头顶，是指枕头两端正方形部分。满族的枕头很像现在常见的长方形抱枕，它外形呈长方体，顶端是正方形。用糨糊将绣着美丽图案的缎子面糊在正方形处，就形成了满族特色的枕头顶。枕头顶的颜色与八旗有关，通常为红、黄、蓝、白等颜色。图案可以是植物、虫鸟、建筑、器物、人物故事等。

满族少女从十三四岁起就要学习刺绣。在长白山地区，满族姑娘的刺绣手艺是判定她是否贤惠能干的标准。她们从描花样开始，一针一线地为自己绣枕头顶、袖头、鞋帮等出嫁用品。其中，枕头顶的数量和上面刺绣的水平直接影响她在夫家未来的地位。结婚前，满族新娘要绣十对到几十对枕头顶，然后将它们绷在一块大苫布上，当地人称其为"枕头帘子"。

结婚当天，新娘家的人要挑着"枕头帘子"和嫁妆绕着村子走一周，俗称"晾嫁妆"。村中男女老少纷纷走出家门向新娘家的人道喜，同时对"枕头帘子"的刺绣手艺品头论足。"枕头帘子"送到新

满族新人家的炕柜上方整齐叠放着喜被，两侧是枕头顶

郎家后，要挂在最显眼的位置。来宾进门看到它，还要赞赏新娘精美的绣功。新郎家的人听到客人的赞美，自然笑得合不拢嘴，欣慰自己家讨到了好媳妇。

由于生活水平的提高，现在的满族妇女已经不再以绣"枕头帘子"为荣了。虽然"枕头帘子"已经成为非物质文化遗产，但它的传承已有后继乏人的趋势。

八、朝族婚仪共两次

朝鲜族男女要经过"女嫁"和"男娶"两次仪式才能正式结为夫妻。

女嫁是指新郎到新娘家参加第一次婚礼仪式。结婚日，新郎带着象征获得世俗认可的"婚函"在家人的陪伴下来到女家。女家要将事先准备好的装满谷物的麻袋放在地上，新郎下马时，第一脚一定要踩在麻袋上，寓意小两口未来稻谷满仓，生活幸福。新郎下马后，要将随身带来的"婚函""木雁"交给守候在门口的岳母。进门之后，新郎首先被引导进客房。新郎在客房里戴上纱帽，系上冠带，然后与新娘双双走进"醮礼厅"举行婚礼仪式。仪式结束后，新郎在女家男眷们的陪伴下赏"大桌"。"大桌"是朝鲜族婚礼的特色婚宴，其中有

朝鲜族婚礼上的"赏大桌"习俗

两种食物是必备的：一是嘴里叼着红辣椒的整鸡；二是埋着三个煮鸡蛋的一碗大米饭。三个鸡蛋，新郎吃两个，新娘吃一个。在享用"大桌"上的食物之前，女家要从每样食物中精选一份留下来送给亲家。新郎要在新娘家停留三天，之后，两人共同回到新郎家。

男娶是指新郎新娘在新郎家举行的第二次婚礼仪式。两人回到新郎家后，先进入"醮礼厅"举行仪式。仪式之后，就在"醮礼厅"赏"大桌"。"大桌"上的食物只能看，不能吃，要全部留下来，等到新娘回门时带到娘家。

第二天，新郎新娘一起回娘家，娘家摆上丰盛酒宴招待新女婿，欢歌畅饮，起舞祝福。至此，一场朝鲜族的婚礼才正式结束。

九、傣族白线拴新人

千里姻缘一线牵，这里的"线"是条虚拟的红线。傣族婚俗里却有一条实实在在的牵定姻缘的线。要了解这条线，就得了解傣族婚礼中"拴线仪式"的过程。

"拴线仪式"是傣族特有的婚俗。由于傣族有"从妻居"的传统，所以婚礼要在女方家举行。婚礼在经过和尚念经、新郎进门、新郎登楼、新人见面等几个环节后，进入"拴线仪式"。在傣家竹楼的堂屋正中，置放着一张小桌。小桌上放着公母两只熟鸡，鸡身下垫着嫩绿的芭蕉叶。熟鸡旁边还有糯米饭、红糖、盐巴、米酒、白线等物。小桌上还摆放着新郎送给新娘的衣物、首饰等礼物。仪式开始，新郎新娘跪坐在小桌前，接受长辈和亲友邻居的祝福。主婚人致贺词毕，新郎新娘每人手抓一团糯米饭，在米酒里蘸一下，然后用手指轻点三次熟鸡、盐巴、白线等物，之后将饭团放回小桌。这时，主婚人将一根长长的白线先搭在新郎左肩，再绕过新娘的右肩，最后将线头

傣族新人拴线仪式

的两端搭在小桌上，预示新人与家人心心相连。然后，主婚人用白线分别缠绕在新郎和新娘的左右手腕上，祝愿他们永不分开。前来贺喜的来宾也要用"拴线"的方式为新人祝福。

"拴线仪式"后，女家要将桌上的一只熟鸡送给主婚人表示感谢，另一只则拿给婚礼上的小伙子们吃，意思是让他们沾沾喜气，早日找到可以"拴线"的姑娘。仪式结束后，婚宴开始。

第二天天亮前，新郎要独自"回娘家"，直到月亮上山才返回新娘家。

十、苗族哭嫁最热闹

哭嫁在中国各民族的婚俗文化中并非新鲜事，但能哭出歌来，甚至能哭上七天七夜的，恐怕只有苗族姑娘了。

苗族哭嫁习俗

　　苗族姑娘哭嫁一般在婚礼前三至七天开始，也有提前半个月，甚至三个月的。哭嫁是苗族特有的婚俗，谁来送礼祝贺她，她就哭谁。当然，这不是什么不好的举动，而是苗族姑娘特有的一种道谢方式。既然是道谢方式，那么哭嫁就是感谢父母养育之恩的一种表达。

　　苗族哭嫁歌——《哭爹娘》唱道："爹啊，娘啊，您把女儿当朵花，一尺五寸抚养大。花了钱来费了心，女儿哪忍心离开家。爹啊，娘啊，抬头望见满天星，低头想起父母恩。为儿花了多少钱，为儿操了多少心。"不仅哭爹娘，还要哭哥嫂、姐妹、叔伯、陪客、媒人、祖宗。此外，梳头时要哭，上轿时要哭，旁边还要有陪哭的姐妹。唱哭嫁歌实际上是唱出嫁歌，结婚当天是哭嫁最高潮，同时也是新娘最幸福的一天。

第五章　名人婚礼

一、孙中山与宋庆龄

1915年10月25日，孙中山与宋庆龄在日本东京上野精养轩举行婚礼。孙中山时年49岁，宋庆龄22岁，两人年龄相差27岁，这段姻缘难免招来世人蜚语，但又有多少人知道是宋庆龄首先追求孙中山先生的呢？

1913年10月，宋庆龄在日本向孙中山告白："你愿不愿要我？我知道你曾经结过婚，但是那已经过去，可与目前的事不发生什么关系。"

其实爱的种子早在宋庆龄还是少女时就已经悄然种下。宋庆龄对孙中山说："至于说到后悔，因为我小时候听你讲过，要是我不为一件伟大的事业而生存，生命无意义而没有中心的了。我在小女孩的时代，就梦想着能有一天，帮助几百万的民众，而成为伟大的事业里的一分子的。现在我要知道的，只有一件事，就是你要不要我做你的妻子，永远帮着你做革命的工作？"

孙中山是爱宋庆龄的，但碍于传统道德和年龄差距表现得有些犹豫："庆龄，我是个不值得加以考虑的人。我已经老了，你是年轻而……"他话锋一转，又说："但是革命呢，它可不管年龄，而却需要着我们两个人啊。是的，但是庆龄，我深知你是怎样的人，你太勇于牺牲了。庆龄，可爱的孩子，我不晓得我应当说些什么话，你是知道我的心的。你恐怕已经知道了好久，或者竟始终不曾想到它。"

宋庆龄听出孙中山的话外音，高兴地说："你的心吗？你是需要我的。"她望着孙中山的脸说："这样，一切都定当了，我是非常的快活。"

孙中山还是感觉有些不安，嘱咐宋庆龄一定要得到父母的同意。宋庆龄是个有主见的人，她说："我会跟他们说的，不过现在一切都算决定了。"

孙中山依然坚持先取得宋庆龄父母的同意后，两人再确定关系。宋庆龄固执地说："一切都算决定了。我们目前不是生活在一个民主政体之下？难道这种事情，我们还不能自己做主吗？你是应当负责的，现在可说一切都决定了。"

孙中山虽然感动，但依然坚持一定要首先取得宋庆龄父母的同意。

宋庆龄回到上海一个星期后，才向父母坦言这件私定终身的大事。宋母坚决反对，直到三个月后宋庆龄离开上海返日时，宋母依然反对。此时，孙中山与原配卢夫人的分居事宜已经办妥，卢夫人同意孙中山与宋庆龄的婚事。

孙中山身边的朋友也有反对这件婚事的，但此时的中山先生非常坚定自

孙中山宋庆龄结婚照，摄于东京

己的婚事，他说："我不是神，我是人。"甚至对前来劝阻的胡汉民等人说："我是同你们商量国家大事的，不是请你们来商量我家庭私事的。"

就这样，孙中山与宋庆龄走到了一起。

有关两人结婚的日期，有三种不同的记载：一是1914年10月25日；二是1914年11月25日；三是1915年10月25日。史学界普遍认可1915年10月25日为孙宋结婚的日期。现存于中国历史博物馆的《孙中山宋庆龄婚姻誓约书》原件上的结婚日期是1915年10月26日，那是因为日本风俗认为双日为结婚吉日，所以两人在签署誓约书时，在律师和田瑞的建议下，将日期改为26日。

需要说明的是，在与宋庆龄结婚前，孙中山将原配卢夫人接到了日本，并与其签订了离婚书。

二、蒋介石与宋美龄

蒋介石初次见到宋美龄是在上海莫里哀路孙中山寓所的一次基督教晚会上，时间是1922年12月初。宋美龄优雅的气质、大方的谈吐、曼妙的舞姿让35岁的蒋介石一见钟情，心乱如麻。

此时的蒋介石仅仅是孙中山手下的东路讨贼军总司令部参谋长，虽然颇得孙中山赏识，但离权力巅峰尚相去甚远，自然做不了晚会的主角。而宋美龄是宋家三小姐，还是孙中山的妻妹，理所当然是人们关注的焦点。可以说，此时的蒋介石完全是单相思。

12月底，蒋介石抵达广州，公事之余还不忘请求孙中山成全自己这份"未了情"。孙中山当时就拒绝了，连连摆手说："不能。"嘴里虽然说不能，孙中山还是询问了夫人宋庆龄的意见。没想到宋庆龄态度非常坚决，甚至说："我宁愿看到小妹死掉，也不愿让她嫁给蒋介石这样的男人。"那么当时的蒋介石是什么样的男人呢？

除了官职较低外，蒋介石的婚姻状况在宋家人看来更是一团乱麻。蒋介石先后有过三个女人：原配毛福梅、侧室姚怡琴、侧室陈洁如。此外还有蒋经国、蒋纬国二子。蒋介石与原配毛氏的关系早就形同陌路。1921年11月，蒋介石在给其姻兄毛懋卿的信中，提出要与毛福梅离婚，称"十年来，闻步声，见人影，即成刺激"。与此同时，蒋介石给了侧室姚怡琴5000元的分手费，两人签署一份离婚协议，正式分手了。不过姚氏并没有完全离开蒋家的生活，随蒋赴台后，姚氏定居台中。作为蒋纬国的养母，蒋纬国每周都去看望她。不过，有些棘手的是陈洁如。

蒋介石当初也是一见钟情看上陈洁如的。1919年，蒋介石陪同孙中山来到张静江府拜访，巧遇年仅13岁的陈洁如。之后，蒋介石开始对陈洁如展开爱情攻势。陈家通过调查，发现蒋介石是个有一妻一妾但无业的男子，就拒绝了蒋的求婚。后来蒋委托盟兄张静江上门求婚，陈母看到有如此体面的人物为蒋说话，才同意这门婚事。1921年12月5日，蒋介石与陈洁如在上海永安大楼大东旅馆的大宴会厅举办了结婚典礼。证婚人是张静江，主婚人是戴季陶。大礼桌上放着两人的结婚证书。新房就设在大东旅馆。谁知一年后，蒋介石就移情别恋了。

宋家看不上他，孙中山也不肯帮忙，这些都没有让蒋介石退却，相反，他为了达到与宋美龄结婚的目的，竟然耐心地等了六年。

六年间，蒋介石的地位扶摇直上，成为国民党首屈一指的人物。1924年，蒋任黄埔军校校长、中国国民党中央军事委员会委员、国民党中央执行委员会军事委员会委员长。孙中山先生逝世后，蒋任党军司令官、广州卫戍司令。1926年，蒋任国民政府军事委员会主席、国民革命军总司令、国民党中央执行委员会常务委员会主席。地位高了，蒋介石说话也硬气了。11月8日，得知孙夫人宋庆龄要来南昌，蒋介石致电宋子文转宋庆龄，说："夫人如驾来，请由海道为便。到沪

蒋介石宋美龄结婚照

时，中再派专员迎迓，并请孔夫人与三妹同来一叙为盼。"直言邀请宋美龄，一是说明位高权重后，说话的底气足了；二是说明蒋介石还没有忘记宋美龄，他的单相思还在持续。

1927年3月25日，蒋介石以国民革命军总司令的身份进驻上海。他进城的第一件事就是莅临位于西摩路的宋宅，名义上是拜访宋子文，实际上意在宋美龄。4月，蒋介石再次来到宋宅，表明心意。宋家为此特意召开家庭会议，讨论三妹是否应该嫁给这位炙手可热的英雄。宋母首先表示反对，她的理由是蒋非基督徒，还有婚史。持反对意见的还有宋庆龄和宋子文。不过大姐宋霭龄却积极赞成三妹与蒋介石的婚事，她认为蒋介石乃人中龙凤，前途不可限量。

5月13日，蒋介石写信给宋霭龄，邀请其与宋美龄游览镇江焦山。蒋宋二人通过这次旅游，加深了了解，宋美龄对蒋介石的好感渐生。

俗话说：赌场失意，情场得意。8月，蒋介石第一次下野后，与宋美龄的感情却突飞猛进。蒋介石致书宋美龄，表达自己对其"才华容德，恋恋不能忘"的心情。最后，蒋放低姿态，以"举世所弃之下野武人"的身份询问宋美龄的态度。宋美龄深受感动，答应了蒋介石的求婚请求。9月16日，宋霭龄在上海寓所举行记者招待会，对外宣布了蒋介石和宋美龄的婚事。10月初，蒋介石到达日本神户拜访宋母，请求其准许这门婚事。宋母提出的唯一要求是：蒋介石须信奉基督教。蒋介石没有犹豫，当场答应了宋母的要求。宋母送给蒋一部《圣经》，表示认可了他们的婚事。蒋介石将与宋美龄的订婚戒指交与宋母，象征达成婚约。回到旅馆房间后，蒋介石非常兴奋，大呼："成功了，成功了，婚约成功了。"

12月1日，蒋介石与宋美龄在上海举行婚礼。当天，蒋介石在《申报》上刊登了两则启事：结婚启事和离婚声明。离婚声明上称："毛氏发妻，早经仳离；姚陈二妾，本无契约。"此时，蒋介石已经将陈洁如送到了美国。手捧与陈洁如的结婚证书却说"本无契约"，让人慨叹政治家为达目的不择手段的信口雌黄。

蒋宋的婚礼在上海西摩路宋宅按基督教仪式举行。证婚人是蔡元培、余日章，介绍人是谭延闿、王正廷，主持人是余日章。下午4时，中式婚礼在大华饭店举行，证婚人是蔡元培。参加婚礼的有各界政要、外国领事、各国将领1300余人。

蒋宋联姻虽然是政治联姻，但不可否认的是宋美龄的出现确实对蒋介石日后的中国外交乃至中国空军建设帮助巨大。

三、张学良与赵一荻

赵一荻，又名绮霞，也称赵媞。1912年5月28日出生于香港，乳名香生。其父赵庆华，字燧山，中华民国梁士诒内阁时期，任职交通部次长。赵庆华育有子女十人，六男四女，绮霞在女儿中排行最小，故称赵四。赵四小姐性格活泼开朗，喜爱跳舞，常随二姐、三姐前往天津著名的交际场所蔡公馆参加舞会。

1928年春，张学良与赵一荻在蔡公馆参加舞会上相遇，一见倾心，坠入爱河。

相恋后的张学良和赵一荻小姐，足迹遍及北京的香山饭店高尔夫球场、北戴河海滨，情浓意浓，难舍难分。赵庆华看到张学良和赵一荻的交往，非常生气，以"不能给人家做小"为由不许两人继续交往。

1928年秋天，张学良邀赵一荻前往沈阳相聚，赵一荻对外以赴沈求学深造为借口应约而来。赵一荻到沈后，张学良安排其于北陵别墅暂住。赵庆华得知四女赴沈，气得登报声明："四女绮霞，近日为自由平等所惑，竟自私奔，不知去向。查照家祠规条第十九条及第二十二条，应行削除其名，本堂为祠任之一，自应依遵家法，呈报祠长执行。嗣后，因此发生任何情事，概不负责，此启。"赵庆华随即声言辞职退隐。有人评论赵庆华此举是一举两得，一是对外宣布女儿赵一荻与张学良结合；二是保持门风，不失身份。

张学良想娶赵一荻入门，须先取得夫人于凤至的同意。张学良生性风流，身边女人无数，这点于凤至心知肚明。于凤至回忆说："对此，我从不过问，我相信他决不负我。"认识赵四之前，张学良曾想娶外交部长王正廷的妹妹为妾，对于凤至讲王小姐人品好、留过洋、学识高，且哥哥王正廷与政府要人渊源颇深，要求于凤至接纳。于凤至再三考虑，说："为了我们两人这个家，为了孩子们，我不能同意。"最后张学良放弃了这个想法，这让于凤至很安慰，觉得张学良没有背弃结婚时的誓言。可面对赵一荻，于凤至却作了另一个决定。

于凤至同意赵一荻入门。张学良对赵一荻提出两个条件：一是没有名分；二是对外称秘书。赵一荻点头答应。张学良回帅府同夫人于凤至商量此事，于凤至了解到赵一荻年龄尚小，离家出走，已经无法回头，便答应了。虽然一些亲友劝于凤至拒绝，但于凤至依然坚持己见。赵一荻第一次来到帅府时，一进门就跪地向于凤至叩头，说："您的大恩大德我永远不忘，一辈子做汉卿的秘书，决不要任何名分。"于凤至还慷慨地拿出私房钱，为赵一荻建楼一座，这就是著名的赵四小姐楼。

赵四小姐楼，现名"赵一荻故居"，位于张氏帅府东墙外，是一座二层中西合璧式建筑，红砖立面，红瓦坡顶。该楼占地547平方米，建筑面积428平方米。楼内装饰既有中国传统的描金彩绘，又有雕刻廊柱等欧式特征。其室内陈设以法式家具为主，非常奢华。赵一荻仅于1928—1930年在此居住两年。

1930年夏，赵一荻突发怪病，背上长出奇怪的红肿块。沈阳很多名医均束手无策，张学良遂安排赵一荻往天津协和医院就诊。没想到，医生确诊赵一荻背部痈疽同时，还意外发现其已怀孕数月。

1930年11月28日，张学良与赵一荻唯一的孩子张闾琳诞生于天津。赵一荻生产的时候，张学良没有陪在身边。张学良当时正应邀在南京与蒋介石讨论中原大战善后问题，并列席国民党四中全会。张学良在南京共住23天，12月6日返回天津，这才见到小闾琳第一面。然而，军务繁忙的张学良来也匆匆，去也匆匆，不停地奔波于沈阳、天津、北平之间，无暇抽出大段时间陪伴家人。

1933年3月11日，因东北沦陷、热河失守，张学良难辞其过，引咎下野，欲携家人出国考察。出国前，张学良和赵一荻还要先完成一件大事——戒毒。

美国医生米勒戒除张赵毒瘾。张学良、于凤至和赵一荻染上鸦片烟瘾，出门在外也要吸鸦片，非常不方便。后来听人说有一种日本进口的注射药"巴文耐鲁"是戒鸦片烟瘾的特效药，就嘱咐私人医生为他们注射。谁知这种药物虽去瘾止痛，但其成分中含有海洛因。不久，他们放下烟枪，改扎吗啡针了，而且越打越上瘾。赵一荻的哥哥赵燕生说："我经常看见他们俩每隔不久就必须打吗啡针，他们的臂上针疤打满了，再打腿上。腿上的针疤成千上万，简直令人可怕。"后来宋子文劝张学良："你虽下野，但出国还代表中国，你现在这病态，人家会说东亚病夫来了。"一句话点醒梦中人。张学良认为不戒

张学良赵一荻结婚照

毒，便会一事无成，所以下决心和赵一荻一起戒掉毒瘾。不久，在米勒医生的指导下，张学良、于凤至、赵一荻如愿戒除毒瘾。

4月11日，张学良、于凤至、赵一荻和孩子们从上海出发，乘船前往意大利，开始了他们长达八个月的欧洲之旅。此后，赵一荻陪伴张学良驻西安、拘大陆、禁台湾、迁美国，留给后人一部坎坷、凄美、坚贞的世纪爱情故事。

两人的婚礼直到31年后才在台湾举行。

1964年，张学良和赵一荻举行婚礼。婚礼前，张学良取得了于凤至的谅解，并办理了离婚手续。于凤至委屈而大义地表态道："我是个通情达理的人。汉卿的苦楚我不是不知道。赵一荻是位难得的女子。25年来，一直陪着汉卿，同生死，共患难，一般人是做不到的。所以我对她也十分敬佩。现在由她陪着汉卿，汉卿高兴，我也放心。至于我个人的委屈，同他们所受的无边苦楚和寂寞比起来，又算得了什么。"

张学良和于凤至的离婚手续办理完毕之后，张学良才与赵一荻举行正式婚礼。赵一荻在台湾没有长辈可以来为她主婚，特请黄仁霖先生主持。参加婚礼者有张群、张大千、宋美龄、何世礼、王新衡等12人。他们的结婚典礼是由一位高寿近百的牧师陈维屏博士证婚的。据主婚人黄仁霖所写《从西安事变谈到张少帅其人》一文记载："结婚典礼即在吉米·爱尔宝先生的台北寓所举行。由我太太文华弹琴，在少数几位观礼者之中，蒋夫人赫然在座。当我搀扶着赵四小姐的手臂，并伴送她登上那个改造过的礼坛的时候，整个西安事变的情景，在我的心头涌现着。"西安事变发生后，黄仁霖曾作为宋美龄的代表从南京飞到西安去看望蒋介石；张学良被囚禁后，他也经常代表宋美龄在生活上照顾张学良。因此，当他参加张学良与赵一荻的婚礼时，真是心潮起伏，感慨万千。

四、冯国璋与周夫人

1914年1月18日，江苏督署内举办了一场轰动整个南京城的婚礼——55岁的江苏都督冯国璋迎娶35岁的袁世凯总统府女教师周砥。

有人会问，冯国璋娶一个女教师有什么好轰动的？别忙，当你了解了这位女教师的背景以及她在袁家的地位，你定会恍然大悟。

女教师周砥，字道如，祖籍江苏宜兴。她是淮军名将周盛传的后人，父亲是名进士，但早逝，所以周砥被母亲抚养长大。她自幼饱读诗书经史，在赋诗作文方面，尤其擅长，堪称入道。北洋女子师范学校成立后，周砥成为第一班学生。她成绩优异，毕业后在女师附属小学任教师。袁世凯与女师校长熟识，正巧袁府需要一名女教师，校长就将周砥介绍了过去。

周砥到了袁府，成为袁家女儿的家庭教师。由于学问优秀，举止大方，循循善诱，很快博得袁府上下的喜爱。袁世凯被贬回到洹上时，周砥也一同前往，俨然家中一员。可能缘分未至，年过而立的周砥却始终无人提亲。袁府上下，甚至袁世凯本人都非常关心周砥的婚事，希望她有个美满的婚姻。

无巧不成书，冯国璋的夫人四年前就已经去世，身边的三个姨太太也早已久看生厌，冯国璋想要给自己找一房新姨太太。正好安排儿子冯家遂北上代表自己感谢袁世凯的"封官"之德，就偷偷将自己的想法说了，希望冯家遂为自己留意。

冯家遂到了北京，先是拜见袁世凯，然后就去找袁克定喝酒玩乐，顺便也把冯国璋要纳妾的想法说了。袁克定一听，暗暗想到：这是千载难逢的拉拢冯国璋的好机会啊。他马上想到了周砥周老师，并决定向父亲袁世凯汇报此事。

袁世凯听完袁克定的想法，沉思了好久。袁世凯知道，事是好事，但往往好事容易办成坏事，弄得两面不讨好。袁世凯提出了两点要求：一是周老师出嫁就是袁家嫁女儿；二是周老师要做冯的夫人，必须是正室。

袁世凯的要求传到南京，冯国璋毫不犹豫地答应了下来。北京这边，袁家人怕周老师拒绝，纷纷出面做她的工作。甚至袁世凯本人也亲自出马，夸赞冯国璋，希望周老师能够在事业上帮助冯国璋。

冯国璋夫人周砥

周砥知道自己的婚姻与古代的和亲类似，出于感激袁家上下的爱护，只说问过母亲的意见再做决定。周砥母亲没有意见，这门婚事就定了下来。

周砥点头同意后，冯国璋这边就开始筹备。首先确定婚礼形式为文明婚礼；其次确定婚礼在都督府举行；最后确定督署的西花园暂作为"周公馆"用来接亲。

南京这边张灯结彩地准备自在情理之中，北京那边也在大张旗鼓地张罗着。袁世凯亲自命三姨太金夫人、长子袁克定和两个女儿陪同周砥乘坐专车赴南京。至于妆奁就更丰厚了。袁世凯吩咐，要像嫁女儿一样把周砥嫁出去。袁说到做到，他还要求家中的姨太太和所有子女都要给周砥结婚礼物。袁世凯自己给周砥现洋五万元，嫁妆另计。袁家所有人送的彩礼加在一起足足有一百二十担。甚至还精选了一名能干的丫头作为陪嫁。

周砥与陪同而来的金夫人等人到达南京下关车站时，卫兵列队，礼炮齐鸣。众人登上礼车，一路风光地来到督署西花园，也就是临时的"周公馆"。下车时，军乐齐奏，卫兵敬礼。周公馆门外，江苏民政长夫人、冯国璋长女早已恭候多时，欢迎北京贵客。

1月18日，婚礼正式举行。冯国璋身穿北洋上将军礼服骑着高头大马来到周公馆，身后跟着江苏军政各界要员。新娘花轿由两名轿夫抬入都督府，标志婚礼开始。周公馆大堂内立刻响起婚庆乐曲，主持人宣布新郎新娘入场。周砥身穿刺绣五彩绸缎礼服，绣金洒花红裙，头戴纱彩结，身披粉红长婚纱，后面跟随两名托纱侍女，缓缓步入，走到冯国璋身边，与其并肩站立。全场宾客见此英雄美人场面，禁不住啧啧赞赏。

婚礼由江苏民政长韩国钧证婚。他首先代表袁世凯大总统宣读结婚证词。之后，新郎新娘面向袁世凯大总统画像三鞠躬。鞠躬毕，新人互换结婚戒指，然后夫妻对拜，最后向证婚人、介绍人鞠躬表示感谢。这次婚礼场面宏大，花费甚巨，仅招待费便耗资白银十万两。

婚后，周砥在公开场合为冯国璋加分不少。由于周砥是师范出身，她对教育事业情有独钟，江苏不少地方的学校尤其是女校受益良多。有一次，周砥来到一家女中，校长知道她开明，就向她反映军警干扰教学秩序的问题。周砥听后十分重视，并向冯国璋详细说明情况。为此，冯国璋下令：军警不得侵扰学校教学秩序，不得擅自入校搜查，威胁师生安全。由于周砥的努力和支持，江苏的学校特别是女校工作一直在全国独占鳌头。

可惜美人薄命，1917年9月10日周砥因病去世。两年后，冯国璋的生命也走到了尽头。

五、冯玉祥与李德全

基督将军冯玉祥是中国近代史上的风云人物。他身材魁梧高大，性格直率刚毅，虽为高官，却不贪污索贿；虽为将军，却不克扣强取。他对上敢直言其短，对下能与兵同甘共苦，所以民间送给他另一个称号——平民将军。

平民将军冯玉祥的第一位夫人名叫刘德贞，两人结婚18年，育有二子三女。由于身染重病，刘德贞不幸于1923年底去世。爱妻去世，冯玉祥内心非常痛苦，但看到五个幼年丧母的孩子（最大的儿子才13岁），他更是心如刀割。妻子去世后的某天，女儿将亲手包的饺子送到巡阅使署，冯玉祥看到热气腾腾的饺子，想到失去母亲照顾的孩子，不禁落下英雄泪。身边人看到冯玉祥的难处，纷纷劝他再组家庭。冯玉祥没有拒绝，但见过面的女人都是爱慕他的官位，这让冯玉祥非常失望。

有一天，冯玉祥去北京基督教女青年会参加活动，正好遇到干事李德全在台上演讲。她那清丽的外表，出众的口才，悦耳的声音，让冯玉祥顿生爱慕之心。冯玉祥就委托教友宋发祥从中牵线，由于两人有着共同的信仰，事情进展非常顺利。1924年2月9日，冯玉祥带着嫂子和手下来到史家胡同宋发祥家与李德全交换婚约，二人正式订婚。

冯玉祥与李德全

两人的婚礼是按基督教礼仪举行的，简单而庄重。2月19日，冯手下李鸣钟旅长夫妇将李德全迎接到南苑冯玉祥宅。美以美会亚斯立堂主任牧师刘芳为证婚人，宋发祥为介绍人。李德全身穿浅蓝色棉布长褂，头戴白纱，气质端庄优雅，朴素大方。冯玉祥在当天的日记里写道："下午两点半，李旅长夫妇迎李女士德全至，行结婚礼，中外亲友来贺喜者，络绎不绝。礼毕摄影。"

第二天上午是冯玉祥夫妇接受手下军官贺喜的日子。9时30分，南苑军营张灯结彩，喜气洋洋，冯玉祥夫妇准备西餐宴请营长以上军官及其夫人。

西餐会上，冯玉祥向众人致歉："今天是本人大喜的日子，本应下帖正式邀请各位。只因国家尚不太平，不敢通知。蒙各位共患难的兄弟姐妹不弃，前来祝贺，本人非常感激！"李德全也起身致谢，并大讲男女平等。餐后，众人合影留念。

新婚不久，有一天李德全问冯玉祥："你怎么会喜欢上我呢？"李德全问这话是有原因的：因为她肤色暗黑，衣着朴素，外表少了女子的柔弱。

冯玉祥当即回答："我看你天真率真。"然后反问道："你为什么会嫁给我？"

李德全笑着说："上帝怕你不为民做事，派我来监督你的。"

冯玉祥和李德全育有一子三女。1948年9月1日，最小的女儿冯晓达与冯玉祥自美国乘船回国，因轮船失火父女俩同时遇难，令人惋惜。

李德全后为中国第一任卫生部部长，第四届全国政协主席，于1972年在北京病逝，终年76岁。

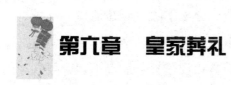 **第六章　皇家葬礼**

一、清光绪皇帝葬礼

光绪皇帝是清朝入关后第11任皇帝，在位34年，逝于1908年11月14日。光绪皇帝在位时，因慈禧太后垂帘听政，无法施展自己的抱负，最后甚至被幽居瀛台，无所作为。虽然生前不如意，但光绪皇帝的葬礼还是按照皇家礼仪举行的，庄严隆重。

颁发遗诏

颁发遗诏是清朝的惯例。遗诏的内容主要有三点：一是总结大行皇帝的生平，大行皇帝即指刚去世的皇帝；二是宣布继任皇帝的名字；三是确定丧服期限。光绪薨逝当天，清廷就颁发遗诏向全国发布消息。他在遗诏里，总结了自己34年执政的得失，宣布摄政王载沣之子溥仪为继任皇帝，确定丧服期为27天。

进行小殓

光绪皇帝幽居在瀛台，他去世的地点就在中南海瀛台的涵元殿——他的卧室。涵元殿是瀛台的正殿，康熙皇帝和乾隆皇帝都曾在此宴请过近臣。

光绪皇帝去世后第二天一早，嗣位的宣统皇帝溥仪便在众人的带领下来到涵元殿恭视大行皇帝小殓。小殓就是为逝者穿戴衣服鞋帽。小殓时，所有人都要将头饰摘下。为逝者穿好衣服后，用衾裹尸，再用绞捆紧。然后用"冒"——布口袋，分上下两截套在遗体上，最后盖上"夷衾"——盖遗体的被子。嗣皇帝、皇子、皇孙都要穿孝服，摘掉官帽上的红缨并剪下一缕头发。宫内女子自皇后以下，都要摘掉耳环，去掉一切头饰。

举行大殓

小殓毕，当天（也有翌日，或三日）进行大殓仪式。大殓就是将小殓后的遗体放入棺材盖棺的仪式。首先，宫中太监将光绪皇帝梓宫抬入吉祥轿，然后起轿，奉灵驾赴紫禁城乾清宫。来到乾清宫西侧，停轿。宣统皇帝溥仪剪发、穿孝服。亲王以下文武大臣俱穿孝服，按位次站立，齐集举哀。宣统皇帝当时年仅三岁，史书里记载他"呼抢大恸"，恐怕言过其实。之后是大殓仪式。

大殓的仪式是这样的：工部在乾清门外东侧摆设丹旐，丹旐是丧礼中使用的一种红色旗帜。銮仪卫在乾清门外至太和门外驾卤簿，卤簿就是皇帝的仪仗队。内务府官员设几筵，支黄幔，黄幔左右两侧饰白色帷帐。南面设供床和坐褥具，床前设供案。供案上设香盒、香炉、灯具。嗣皇帝站立在大殿檐下东侧，面向西，恸哭。众大臣亦哭。宫中女眷在黄幔内站于西侧，面向东。嗣皇帝从左门进入乾清宫，站在几筵前正中，上茶，然后跪进茶，众人亦跪。嗣皇帝举起茶碗，奠于几案上，然后行一拜礼，众亦行礼。撤茶，进膳，嗣皇帝亲自供上食物。执事官进，在乾清宫正中摆上奠几。嗣皇帝至奠几前跪，大臣进上酒爵。嗣皇帝祭酒三爵，一祭一拜，众随拜。撤馔，此时哀哭声停止。嗣皇帝还倚庐，众退。此后，嗣皇帝每日三奠，礼仪如大殓，直到梓宫移至景山。

清光绪皇帝出殡

宣布庙号

奉移梓宫至景山前，摄政王载沣代表嗣皇帝溥仪宣布光绪皇帝的庙号：德宗；谥号：景皇帝，全称是"同天崇运大中至正经文纬武仁孝睿智端俭宽勤景皇帝"。

移至景山

光绪帝死后第26天，梓宫移至景山观德殿。之所以要在这天移梓宫出紫禁城，是因为第二天就是成服的最后一天，成服就是穿丧服，清朝祖制规定成服期为27日。

正式的仪式是这样的：首先，嗣皇帝要在几筵前奠酒，还要大声号哭以尽哀痛。然后，灵驾起行，嗣皇帝在前引导，从紫禁城景运门出。出来后，将梓宫抬上大昇舆。嗣皇帝向西跪拜奠酒。之后，梓宫出东华门，嗣皇帝在梓宫左侧随行。出紫禁城，梓宫抬至小舁上安放。嗣皇帝在梓宫东侧跪下并且痛哭。最后，梓宫到景山观德殿。嗣皇帝号泣，行奠祭礼。王以下大臣官员俱举哀行礼。

景山观德殿停过雍正、乾隆、嘉庆、咸丰、同治、光绪共六位皇帝的梓宫，现为北京市少年宫图书馆。

修建西陵

贝子溥伦受命相度光绪皇帝山陵。溥伦发现清西陵附近的金龙峪地势宽平，风水上吉，于是向摄政王汇报。不久，摄政王代表宣统皇帝谕令金龙峪为崇陵，就是今天我们见到的光绪皇帝的寝宫。1908年光绪梓宫运到梁各庄行宫暂安。暂安的目的是等待陵寝完工后安葬梓宫。为行暂安礼，清政府还特意修建了一条从京汉铁路高碑店到梁各庄的专线铁路。可是，直到清朝灭亡，崇陵都没有竣工。1915年，在袁世凯优待清室政策的支持下，崇陵的建设终于完成。与光绪皇帝同葬的是隆裕太后。

二、清隆裕太后葬礼

1913年2月22日凌晨2时30分，隆裕太后薨逝，终年46岁。隆裕太后，姓叶赫那拉氏，是慈禧太后的亲侄女。慈禧临死前，指定隆裕为皇太后，辅佐宣统皇帝处理国家大事。1912年2月12日，隆裕干了一件大事——宣布清帝退位。这个决定使民国轻而易举地解决了清廷的问题，让袁世凯感激在心。隆裕去世后，袁世凯为其举行国葬，算是一种回报吧。隆裕生在清朝，死于民国，她的葬礼具有清朝和民国双重特色。

宣统哀旨

隆裕甫过世，宣统皇帝溥仪即发谕旨，称："朕以冲龄，钦奉皇祖妣孝钦显皇后懿旨，承继皇考穆宗毅皇帝为嗣，并兼承皇考德宗景皇帝之祧，仰蒙兼祧皇妣大行皇太后，顾复恩慈，情深罔极。方冀慈躬康健，克享期颐，俾朕奉养承欢，恭聆训诲。曷期圣躬自去年岁冬令以来，渐致违和，屡进汤药调理，方期日就安痊。不意服药罔效，于正月十七日丑时，仙驭升遐。呼抢哀号，曷其有极。谨遵遗制，穿孝百日，并素服27日，稍申哀悯。"

宣统皇帝溥仪还谕令蒙古亲王那彦图等人负责办理隆裕太后丧礼。此外，溥仪还谕令隆裕太后娘家亲属素服百日；贝勒载涛夫人、贝勒载润夫人、贝子溥伦夫人、御前侍卫载澍夫人负责在几筵前每遇读文致祭，纸堆前奠酒；载润等在梓宫前恭代奠酒；遇宣统亲奠酒，命载涛等人轮班侍候。纸堆，也称燎池，即焚烧纸钱等物品的地方。

清隆裕太后像

大殓举哀

2月22日下午，隆裕太后遗体入棺，首领太监等用吉祥轿将梓宫从长春宫抬至皇极殿。宣统率王公大臣、后妃等到梓宫前举哀。

皇极殿位于紫禁城东侧，从皇极门向北，经过宁寿门、皇极殿，到达宁寿宫。慈禧太后曾在皇极殿办过60寿辰，她驾崩后即停灵于此。宁寿门外台阶旁竖起九凤曲柄盖，左侧为32名校尉抬的黄色太平杠、一顶四人黄轿、两顶二人黄轿、一顶二人亮轿、一个金节、两个九凤黄盖、两个方红盖、一个蓝花盖、一个红花盖、一个黄花盖、一个白花盖、一个黑花盖、两张红色鸾凤扇、两张红色龙凤扇、两张黄色龙凤扇、五色斜幅龙凤旗各一、两个金立瓜、两个金卧瓜、两个吾仗。右侧设一张黄色丹旐，其高三丈，做灵幡之用。丹旐之右有三顶八人黄轿、一顶八人亮轿，其他布置与左侧相同。

宁寿门右侧台阶下设黄色凉棚一个，内置供桌一张，上摆一个金酒罇、两个金执壶、两个金奠池、成人字形摆放的11只金碗。台阶偏左有15名妇人恭敬站立，据说她们都是内务府低等差役之妻，是临时招来为隆裕太后的葬礼服务的，待遇是每人每天铜子30枚，不管饭。

殷奠礼

殷奠礼即"头七"，隆裕太后的头七是在正月二十三日，辰时是吉时。致祭用金银锞3万锭、纸钱3万张、五色纸3万张、连饭桌21张、9只羊和11瓶烧黄酒。殷奠礼开始，王公大臣行一跪三叩礼。奠酒女官为贝勒载涛夫人等。

叩谒梓宫

殷奠礼第二天行叩谒梓宫礼。有资格叩谒梓宫的，都是可以专折请安的大臣。叩谒时，先脱帽，然后举哀，即高声哭泣，哀毕三叩首，退。

初祭礼

初祭礼，即丧事中的三七。礼仪与殷奠礼同。

大祭礼

释服前一日行大祭礼。大祭礼后，皇帝每五日亲祭一次。

绎祭礼

绎祭礼在大祭礼之后，也称小祭礼。绎祭礼之后，要按惯例行早祭礼，早祭之后释服。午祭时，就可以穿青色的长褂了。至于隆裕太

清隆裕太后葬礼。匾额上书"女中尧舜"，取自时任民国副总统黎元洪唁电中"德至功高，女中尧舜"一语

后娘家人等因为须成服百日，故绎祭礼后仍须穿孝服直到百日礼。几筵前的工作人员绎祭礼后也不能释服。

初满月礼

2月17日隆裕太后薨逝满月，众大臣照例在皇极门外行礼，葬礼王大臣等在宁寿门内行礼。礼毕，读祝官恭捧祭文，在掌礼司官员的引导下，前往燎池。太监接捧祭文，安放于燎池内。隆裕太后的冠服用竹筐装着，由三名福晋安奉于燎池。之后，奠酒三爵，每爵拜一次。礼毕，太监点火焚烧黄轿一乘、衣服数十件。13名来自中海万善殿的僧人在旁念经，放焰口。焰口，即饿鬼。放焰口是佛教对逝者追荐的法事之一，目的是超度饿鬼。

定谥号

隆裕太后的谥号是：孝定隆裕宽惠慎哲协天保圣景皇后。

祖奠礼

祖奠就是送行的意思。祖奠礼是梓宫奉移前一日所举行的祭礼。清代礼法规定，如果前一日是双日，则改在前二日行祖奠礼。隆裕太后梓宫奉移的日期是2月27日，那么依照规定祖奠礼须改在25日举行。

梓宫奉移

2月27日，隆裕太后梓宫奉移至西陵梁各庄暂安。

宣统皇帝溥仪从皇极殿左门出，至锡庆门外。内务府太监抬梓宫由皇极殿中门出。见梓宫出，宣统皇帝跪送，然后起身还宫。众太监将梓宫抬上大轝（装梓宫的大车），内务府大臣祭轝。祭轝奠酒三爵，每奠酒一爵行一叩礼。其他人随行礼。梓宫起行前，要烧纸钱。

梓宫出东华门,有太监10人、侍卫20人分两侧守护。梓宫后随行的是持豹尾枪侍卫,然后是王公大臣。沿途遇到门桥由内大臣奠酒烧纸,一路到正阳门西车站,然后梓宫用火车运往梁各庄。

袁世凯的吊唁

隆裕太后薨逝后,北洋政府立即派员前往紫禁城检查医官所开的脉方。脉方显示隆裕太后虚阳上升,证势丛杂,气壅痰塞,于2月22日丑刻痰壅薨逝。

袁世凯下令,根据清廷优待条件,以外国君主最优礼厚葬隆裕太后。全国下半旗致哀三天,文武官员成服二十七天,左腕缠黑纱,军官刀柄亦缠黑纱。还派荫昌、赵秉钧等前往祭奠。2月26日参议院宣布哀悼隆裕太后休会一日。头七那天,袁世凯带领国务员亲自来到皇极殿祭奠。为此,教育部还特意在《政府公报》上刊登全市学校停课一天的启事。

三、裕仁天皇的葬礼

日本裕仁天皇生于1901年4月29日,12岁前受教于日本"军神"乃木希典。1912年,日本明治天皇逝世,乃木希典闻讯后与妻子切腹自杀为天皇殉葬。1916年,裕仁正式成为皇太子。1926年,裕仁改年号为昭和。1928年在京都即位,成为天皇,他是日本第124位天皇。1945年8月15日他代表日本宣布在第二次世界大战中无条件投降。1989年1月7日因十二指肠癌病逝于日本东京,终年87岁。

裕仁天皇的葬礼于1989年2月24日举行,仪式从早晨7时30分开始,直到晚8时50分才结束。葬礼采用神道葬礼和国葬礼即大丧之礼两种方式举行。下面笔者将按时间顺序还原裕仁天皇葬礼的全过程。

早晨7时30分，举行告别礼。告别礼在日本皇宫松宫举行，这是裕仁天皇的灵柩离开皇宫前进行的最后一次仪式。

早晨9时，举行启奠礼。在皇宫南甬道，51名宫内厅职员将重约890斤的裕仁梓宫抬上黑漆柏木大轝。

日本昭和天皇出殡

上午9时35分，离开皇宫。装着裕仁梓宫的大轝在40辆汽车的护送下，驶离皇宫。车队通过二重桥时，军队鸣枪21响。沿途军乐队设置了10处演奏哀乐的场所。警察全程戒备，确保葬礼安全进行。

上午10时15分，葬礼车队来到东京新宿御苑。225人身穿灰色和式丧服、头戴黑色高帽、脚蹬黑色木屐，手持印有太阳和月亮图案的白黄两色旗帜组成送殡队伍。乐队奏皇家传统雅乐。裕仁遗孀良子因病没有出席仪式，明仁天皇和皇后美智子与家人跟随在大轝后面。甬道两旁的大帐篷下，肃立着来自日本的高官和世界各地的政要。九分钟后，送殡队伍走过一座小型木制牌坊门，这是日本神道标志，代表逝者进入了神界之门。

上午10时53分，举行神道葬礼仪式。送殡队伍来到用竹夹子制成的日式殡仪馆。进入殡仪馆后，神道葬礼仪式开始。仪式进行时，殡仪馆要拉上黑色窗帘，外人看不到里面的情况。

里面的仪式是这样的：念悼词时，执事官来到天皇祭台前，将海鲷鱼、野鸟、海带、海草、山土豆、瓜和其他美味高高举起。这些食物和丝绸衣服都用来敬献给薨逝天皇的神灵。

上午11时10分，明仁天皇走过木牌坊门，致辞。之后，仪式主持人（裕仁天皇儿时的同学）上台致悼词。

上午11时45分，神道葬礼结束。宫内厅的职员撤去木牌坊门和其他神道仪式用品，为接下来的国葬礼做准备。

上午11时58分，国葬礼开始。明仁天皇和皇后美智子返回殡仪馆。

中午12时，默哀。明仁天皇宣布全国默哀一分钟。时任日本首相竹下登、众议长、参议长、最高法院院长等先后致悼词。随后，来自世界各国的政要按主持人所念名单的先后次序，前往梓宫前默哀致意。

下午1时10分，梓宫抬上大轝。殡仪馆关上大门，仪式结束。随后梓宫被抬上大轝准备前往墓地安葬。

下午1时40分，前往武藏皇家陵地。送殡队伍出发，前往距离东京48公里的八王子市武藏皇家陵地。

下午3时15分，送殡队伍抵达武藏皇家陵地。

下午3时20分，下葬礼开始。外国贵宾不参加此项仪式。耗时3小时，梓宫被抬至10米高的山腰处。宫内厅职员将梓宫埋入石墓后，立起有碑文的石碑。一年后，天皇的新墓地将建成，届时梓宫将移葬。

晚上7时30分，皇家在陵地举行告别仪式。明仁天皇、皇后美智子、政府代表、皇室成员向裕仁天皇做最后的告别。

晚上8时50分，裕仁天皇葬礼结束。

裕仁天皇的葬礼也遭到很多反对声音。当时，日本国内有些人认为政府违反了宪法规定的政教分离制度。他们相信政教分离制度是日本的一个重要国策，因为"二战"时期日本就是以神道为宗教基础进行极端国家主义和军国主义扩张的。官方曾预计沿途观礼的民众会达到86万人，可实际上仅有20万人，这恐怕也能说明些什么问题吧。

四、爱德华七世葬礼

英国国王爱德华七世，生于1841年11月9日，是维多利亚女王和阿尔伯特王子的长子。1863年，他与丹麦公主亚历山大完婚，两人育有三子三女。1901年，维多利亚女王薨逝，爱德华即位。即位大典定于1902年6月26日举行，后因事推迟到1902年8月9日。1910年5月6日，爱德华七世因心脏病发（有一说是支气管炎，一说是感冒），崩于桑德林汉姆的皇家庄园，终年68岁。

英国国葬始于维多利亚女王的葬礼，从那以后，英国要为国王、皇室成员、出色政治家举办国葬。爱德华七世的葬礼可以称作是第一次世界大战前最轰动的一次国葬。

送殡队伍

送殡队伍始于1901年维多利亚女王的葬礼。他们主

英王爱德华七世和他的宠物狗凯撒

要由皇家骑炮队、驮棺炮车、扶灵队、皇家军乐队和皇室成员等组成。

仪式开始，八位扶灵人将爱德华七世梓宫抬上炮车，安放稳妥后，卫戍部队军士长一声令下，送殡队伍军人枪口朝下，缓慢起行。走在队伍最前面的是英国皇家炮兵乐队，他们边走边演奏哀乐，送殡队伍踏着鼓点的节奏前行。走在乐队后面的是皇家骑炮队的八匹马拉的炮车，其中四匹上坐着四名威武的骑兵。炮车上端放着爱德华七世的梓宫，梓宫上盖着英国皇家旗帜作为棺衣，旗帜上三头向前进的红色狮子代表英格兰；一头后脚直立的红狮子代表苏格兰；蓝色竖琴代表爱尔兰，旗帜用白色缎子为底。棺衣上面安放着爱德华七世生前的王冠，王冠的后面是白色花环。炮车后面走着的是皇室成员、国外王室和各国政要。海德公园内，英国皇家炮兵每分钟鸣炮一次。

威斯敏斯特大教堂

送殡队伍行走不到一公里，来到威斯敏斯特大教堂。爱德华七世的梓宫将在此停灵三日供世人瞻仰、告别。八位扶灵人肩扛梓宫缓步来到教堂前面，将梓宫恭敬地放置在高约一米半的灵柩台上。灵柩台是梯形结构，很像体操中使用的跳箱。灵柩台四周安放着四个蜡台，上面各有一支黄色大蜡烛。

仪式由坎特伯雷大主教主持。由于英国宗教改革，英国国教独树一帜，脱离罗马，英国国王是英国国教的最高领导人。英国国教有两大主教，一位是坎特伯雷大主教；另一位是约克大主教。

前来告别的有政要和皇室成员。最后一位告别者完成祈祷后，第一天的守夜开始。在朗诵"亚瑟王传奇"的声音中，四名身着军礼服的卫兵来到教堂前面，守在灵柩台的四周。这四名卫兵选自皇家近卫师，他们将枪头朝下，手挂枪托。卫兵每20分钟换班一次，每队卫兵执勤6小时。

温莎中央火车站

三天后，爱德华七世的梓宫从威斯敏斯特大教堂出发，通过送殡队伍的护送，来到伦敦帕廷顿火车站。梓宫装上蒸汽式火车后，一路运往温莎城堡安葬。梓宫移下火车后，被恭放在炮车上。从温莎中央火车站到温莎城堡，还要进行一次送殡仪式。

英王爱德华七世的葬礼，图中是他的爱马和宠物狗凯撒

百名海军军官组成方队，他们牵引梓宫炮车走在送殡队伍最前面。梓宫炮车是一辆四轮军用炮车，它的两边各有八位高级军官。梓宫炮车后面有40位海军军官跟随。他们的后面是政要和皇室成员，英王乔治五世、德国皇帝、杜克和斯特拉森公爵（爱德华七世的三弟）骑马走在队伍中。此外，挪威、希腊、西班牙、比利时、保加利亚、丹麦和葡萄牙的国王也在送殡队伍中。爱德华七世的爱犬凯撒神奇般地一路跟随葬礼队伍，令人啧啧称奇。队伍从温莎城堡的下区，转入马蹄回廊，到达位于城堡内的圣乔治教堂。这座哥特式教堂建于1475年，是英国皇家墓

地。教堂外面的草地上摆放着数不尽的悼念花圈。

圣乔治大教堂

圣乔治大教堂位于温莎城堡下区中部，由嘉德勋爵建于1475年，为哥特式建筑。该教堂既是英国皇室的私人礼拜之地，又是最尊贵的嘉德骑士勋章之教堂。英国皇家的婚礼和葬礼均在此举行，爱德华七世的葬礼亦是如此，所以它也是英国皇家墓地。

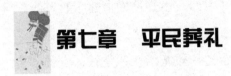

第七章 平民葬礼

一、中国丧葬八步曲

中国有56个民族，各民族都有自己的丧葬习俗，此处所讲的丧葬习俗严格来说是汉族风俗。汉族丧葬习俗共分小殓、报丧、守灵、大殓、吊唁、送殡、头七、安葬等八步骤。

小殓

小殓分洗浴、穿衣、含饭、入棺和盖脸等五部分。人死后，家人要为其清洗遗体。清洗遗体时要用白棉毛巾蘸温水，一般女儿为母亲洗，儿子为父亲洗。清洁遗体的目的是将尘世的污垢洗去，不让死者带入另一个世界。遗体洗净后要为其穿衣，即换寿衣。

寿衣，俗称"装老衣服"，是一种专为逝者准备的衣服，包括帽子、衣裤、鞋袜等。中国很多地方的老人过了60大寿后，子女都要为其准备寿衣。寿衣一般在闰年做，取其比常年多一个月，寓意老人长命百岁。寿衣通常要做三套，可以多做，但套数一定要单数。

含饭就是将几粒米饭放入逝者口中，让其饱腹上路。除了米，还有放钱币的，大户人家甚至还会放玉石。

含饭后，家人将遗体抬到灵床上。灵床是放置遗体的床铺。因为火葬的普及，这个习俗已经很少能见到了，取而代之的是将遗体存入火葬场的冷柜内。遗体抬上灵床后，要在逝者脸上盖上一张黄色的纸，也可用黄色绸缎。盖脸的目的是怕逝者的遗容给前来瞻仰的人带来不适的感觉。

报丧

报丧一般采用发布讣告和口头表述两种方式。社会名流逝世一般通过报纸、电台、电视台等媒体发布讣告，普通民众则通过电话通知的方式向亲友报丧。中国习俗是三天出殡，一般接到消息的亲友无论工作多忙、距离多远都会赶来参加葬礼。

守灵

小殓之后，逝者的直系亲属要为其守灵。守灵就是守护灵柩，是丧礼中非常重要的一个环节。虽然守灵在今天依然重要，但由于城市的发展和火化的实行，棺材已经不再需要，城市里已经没有真正意义上的守灵了。守灵仪式是在灵堂里进行的。现在的灵堂一般布置在逝者生前居住的房屋里。布置灵堂时，首先要将房屋里面所有镜子、玻璃门等反射光线的物品用白麻布或报纸覆盖上。选定摆放灵位的方向后，先布置供桌。供桌上摆放水果、糕点等祭品，中间高置上书逝者名字的灵位。供桌上还有两样重要的东西，一个是香炉，一个是长明灯。香炉是为拜祭人焚香敬礼时插香用的，里面放满大米。长明灯是一盏油灯，在整个守灵期间要保证其不灭。此外供桌上还有两根粗大的白色蜡烛。供桌上面正中央端正摆放着逝者的大幅遗像，下面是大号的奠字，遗像的两边是挽联。供桌正前面地上摆放着黄缎或黄布做的垫子，这是晚辈为逝者下跪行礼时用的。旁边还有一个瓦盆，是用来为逝者焚烧纸钱的。

守灵人仅限直系亲属。亲友前来吊唁行礼时，守灵人在一旁要还礼感谢。农村守灵时会雇佣鼓乐队演奏哀乐，城里一般播放电子哀乐。守灵时要穿丧服。中国传统丧服分斩衰、齐衰、大功、小功、缌麻五等，颇为复杂。现在已经很少有人用这些丧服了。很多人在守灵期间仅穿素色衣服，戴上孝带、黑纱即可。

大殓

大殓也称棺殓，即将遗体入棺。大殓一般在去世后第二天举行，入殓的时辰有说道。讲究的人家要请算命先生根据逝者的生辰和大限（去世时间）算出入殓时间；普通人家一般要等到家人回来后才入殓。

过去，讲究的人家入殓棺材都是逝者生前亲自选定的。为防遗体出水，棺材底部要铺上石灰、锯末、黄土、纸张等吸水性强的物品。还有一个重要的东西是一定要放入棺内的，它就是七星板。七星板可以是薄木板，富贵人家可以用玉制的，板上面凿有七个排列成北斗七星状的圆孔，斜凿一小浅槽，将七个圆孔连接起来。中国民间以北斗主死，放七星板在棺中被认为可以为逝者超度。七星板要放在前述所有物品之上。在七星板的上面，要放两层被褥。

准备工作做完后，大殓正式开始。遗体入棺时，长子要手扶遗体头部。遗体妥善安放后，要放入随葬品。随葬品可以是玉器、珠宝，也可以简单放些硬币等。

之后是盖棺。盖棺后没有意外情况是不能再次开棺的，以防打扰逝者。不过，由于土葬在城镇已经罕见，大殓习俗几乎绝迹。

吊唁

过去，吊唁是在大殓后进行的。如今大殓几乎绝迹，所以一般接到报丧后，亲友均会及时赶来吊唁逝者。吊唁时要穿素服，一般以黑色衣服为佳。吊唁人要在逝者遗像前上香行礼。吊唁人行礼时，逝者长子等守灵人要在一旁还礼。

送殡

逝世第三天，举行送殡仪式。过去，送殡仪式是葬礼中最隆重的一个环节。人们用杠床抬着棺材前往墓地。杠床分二十四杠、三十六杠、四十八杠，甚至一百零八杠。还有专门的杠房提供此项服务。当天中午丧家要准备酒席，招待来宾。饭后，送殡仪式正式开始。

启灵前，亲人要向灵柩告别，然后正式将棺材用一根长钉钉死，不再开启。司仪高喊"启灵"，持幡的长子要奋力将手中瓦盆摔碎在地，并伏地磕头。见长子磕头毕，杠夫抬起灵柩，送殡队伍出发。行进中，杠夫换班休息，歇人不歇马，保证灵柩一路上不能着地，使逝

大清邮政明信片中的晚清民间送殡队伍

者顺利到达墓地。

如今，火葬普及，出殡一般在早晨举行。送殡亲友集合后，开车或乘车到达火葬场。在火葬场的告别厅，亲友最后瞻仰逝者仪容。瞻仰仪容时，家属站在左侧，来宾在右侧。致悼词毕，来宾缓步上前向逝者遗体行礼，并与家属握手表示慰问。

告别仪式后，遗体送去火葬。丧家要为来宾准备酒饭，以感谢亲友百忙之中参加葬礼。丧席中必须有的一道菜是豆腐，一是代表白事；二是希望逝者保佑众人，为众人带来福气。

头七

头七是指逝者死后的第七天。这一天，逝者的魂魄将回到家里。家人要为其准备一桌酒菜。酒菜做好后，家人要回避。为的是不让逝者魂魄看到家人，免其挂念，不安心上路。

头七过后，还有二七、三七，直到七七，共计四十九天都是"烧七"的时间。"烧七"时，要为逝者烧纸钱。除了"烧七"，还有"守七"。头七和六七时，要守夜祭祀逝者。

埋葬

旧时土葬盛行时，人们对墓地的选址非常重视。选址重堪舆，即看风水，那么这风水都包括什么呢？简而言之，墓地风水有山、水、气、穴、土、草等六要素。山有来龙与方位；水要横行与回绕；气有四势以卫；穴要有相水印木；土要细润五色；草木要茂盛。

选址后，就要为墓穴挖坑。打坑之前，逝者儿子要先告祭祖坟，然后焚香叩头祭奠待挖墓地。挖坑时，逝者儿子要挖头三锹。墓穴要挖八尺深，以使棺材上面可以盖有五尺厚的土。挖成后，还要在穴中烧把火，俗称"暖穴"。

安葬时，家属要焚烧纸人、纸马、纸钱。封墓时，长子要先抓

海葬

一把土扔在棺木上，然后众人用铁锹填土封墓。土没过灵柩时，要放入一个装有五谷杂粮的小土罐。逝者是男性，土罐放在左侧；女性则放在右侧。这样做是为了将来合葬时，挖到土罐就表示快到棺木了。

如今，火葬普及，商业墓地流行。城镇居民有生前自己选择墓地的，也有死后子女为其购买墓地的。购买墓地后，择日将骨灰盒安葬其中，然后封墓。家属要在墓碑前摆上香炉和供品祭祀，上香行礼。

除了购买墓地安葬外，现在还有海葬等方式。海葬，就是将逝者骨灰撒入大海安葬的方式。由于土地资源短缺，政府非常鼓励海葬，很多民众也响应号召，积极参与海葬。

二、日本骨灰要捡骨

死后

日本虽然已经成为世俗社会，但九成的日本葬礼仍然采用佛教仪式。人死后，家人要用水不停地湿润逝者的嘴唇。这水称为"末期的水"。很多日本家庭供有佛事祭坛或神棚，用于日常祭祀。神棚或神龛一般设置在房屋内靠近天棚处，为木制结构，里面有木头房和祭祀用的摆件，外面挂有干草编织的辫子状的饰物。家里有人去世，神棚要用白纸封上，以防逝者不洁灵魂玷污。遗体要用清水洗净，然后将七窍用棉花塞住。如果逝者是女性，家人要为其穿上白色和服；男性的话就穿西服或和服。棺木中要摆上一层干冰，然后将遗体放入。棺木中要有白色和服一套、拖鞋一双、硬币六枚用来跨越三途河。三途河是冥界的河，是生界与死界的分界线。还可以摆上逝者生前喜欢的香烟或糖果等。逝者的头要朝向北方，也可以朝

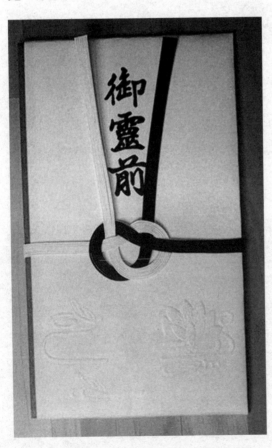

日本葬礼奠仪专用的传统样式信封

西，因为佛教里西方是极乐世界。逝者的床边要摆放供桌，供桌上有鲜花、焚香和蜡烛。逝者的胸口上要摆放一把匕首，用来阻止恶鬼。

报丧

家人通知死讯，并从政府部门取得死亡证书。长子一般负责安排葬礼仪式，并负责联系寺庙，确定日程。日本日历按中国六曜日将日子分为大安、友引、先胜、先负、赤口、佛灭六天，周而复始。其中友引是将好友带走的日子，所以是结婚的吉日，丧事的晦日。

守灵

过去，葬礼来宾都穿白色衣服。如今，所有来宾无论男女着装均为黑色，男人一般穿黑色西装、白色衬衫和黑色领带；女人则穿黑色礼服或和服。如果逝者是佛教徒，来宾还要手持佛珠。奠仪用银黑色信封包好，交给丧家，一般从三千到三万日元不等。来宾就座后，主持守灵仪式的僧人吟诵佛经。逝者家人每人向逝者敬香三次，并将焚香插入香炉中。佛经诵读毕，守灵仪式结束。来宾离开时，逝者家属要为其送上一个小礼物，价值相当于奠仪的四分之一左右。逝者直系亲属要在此整夜守灵。

葬礼

葬礼一般在守灵仪式的第二天举行，地点在寺庙。仪式的程序与守灵类似，僧人诵读佛经时，家人要敬香。仪式上，寺庙要为逝者取一个新的汉字写成的佛教名字。这个名字的长短要视逝者的寿命而定，更要视逝者对寺庙捐赠多寡而定。据说最高贵的名字要捐100万日元才能获得。葬礼结束后，家人和来宾要将鲜花摆放在逝者的头和双肩旁边，然后封棺。家人将棺材抬上灵车后，前往火葬场火葬。

火葬

火葬在日本非常普及。在家属的监督下，遗体被送入火葬炉。火葬一般耗时两个小时。火葬后，家人有个"捡骨"仪式。

日本葬礼上的"捡骨"仪式

捡骨是指从骨灰中将大块的骨头捡出，放入骨灰盒中。捡骨时要用大号筷子或金属筷子，发现骨头时，要由两名家属共同将其捡出。在日本，除了捡骨灰中的骨头，其他场合是绝对不能两人用两双筷子共夹一个东西，或一人用筷子传递东西到另一个人手中的筷子上的。捡骨时，先捡脚骨，最后是头骨。这样可以保证逝者在骨灰盒里不是大头朝下的。舌骨是最有意义的骨头。

在日本，骨灰可以放在多个骨灰盒中。它们可以分别寄放或安葬自家墓地、寺庙或公司墓地。日本很多公司有自己的墓地，比如某咖啡公司就有一座咖啡杯形状的墓地。

墓地

日本墓地一般都为家族墓地，一般由墓碑、祭台和骨灰盒穴组成。墓碑的侧面一般刻有墓地建成日期和购买人的名字，逝者的名字要刻在墓碑的正面。夫妻一人先逝，在世配偶的名字要涂红。逝者的名字也可以刻在墓碑左边侧，或另用一块石头刻名字，然后将其摆放在墓碑前。

三、菲律宾举债葬礼

守灵

家人去世后，要举行守灵仪式。守灵一般为五到八夜，如果家中有人在外未归，也可以多等几天。遗体清洗后，放入棺材中，安置在逝者生前居住的房子或殡仪馆里。棺材周围要摆放蜡烛、来宾登记簿、奠仪箱和鲜花。守夜的人由家属、亲属、来宾组成。除了奠仪，来宾还需赞助"阿布劳义"帮助丧家支付葬礼和安葬的费用。丧家要为守夜者准备食物和暖饮料。守夜时，可以唱歌、弹吉他、玩牌赌博。一般来宾都要关切询问逝者死亡的原因，是否因病，花费多少，是否痛苦，这样家属会认为来宾是真心来吊唁逝者的。

表达哀伤的方式也有讲究。妇女要放声大哭，可以抽噎、顿足甚至手扶棺材而哭；男人则相反，需控制自己的情绪。菲律宾人相信，表达哀伤的方式越直接，越能体现对逝者的尊重。丧事办得越豪华隆重越好，一般家庭为办丧事甚至不惜举债，而且债越多越好。家人还

菲律宾葬礼上的守灵仪式

引以为荣地与来宾倾诉借债的数额，而且要特意大声说。

前来吊唁的人数越多，越表明逝者生前的地位和名望。菲律宾人家庭观念重，一家有难，全体亲属都要帮忙。办丧事时，更是如此。如果某个亲属没有到场，会被认为无礼，甚至是敌意。

葬礼

来宾一般着黑色服装来参加葬礼。如果穿白色衣服的话，一定要在胸前别一枚黑色哀悼胸针。家人将棺材抬上灵床，然后跟随灵床前往墓地。

棺材是开启的，吊唁的来宾可以抚摸逝者遗体以示致哀和怀念。菲律宾人相信土葬，认为遗体一定要保持完整才是对逝者最大的尊重。

安葬亲人后，菲律宾天主教徒要连续九夜吟诵《玫瑰经》，俗称"帕西亚木"，意思是"九天执行期"。他们相信最后一夜是逝者灵魂离开生界的日子，当晚，全家亲属、朋友要聚在一起吃上一顿正式

菲律宾某些地区有悬棺的传统

的晚餐。除此之外，菲律宾还有四十天和一年期的居丧习俗，而且时间越长越好。居丧的人要穿黑色衣服。如果是鳏寡或丧子，居丧人的后半生甚至都要穿黑色衣服。

四、韩国上房喊名字

临终

韩国人相信如果一个人在家中去世，他的灵魂才能升天成神，所以韩国人都会尽力将临终的亲人接回到家里，不让其孤单离去。逝者将要断气时，家人要将一小团棉花放在其鼻子处，用来确定何时呼吸停止。呼吸停止时，家人将逝者衣服脱去，一名亲属手持逝者生前所穿的一件外衣，登上屋顶，向北方大喊逝者名字三次。逝者衣物收集在一个筐里，然后将筐放在摆有祖先牌位的供桌旁。遗体抬至灵床上，用帘子围住。遗体头朝南方，嘴张开，双脚伸直并用木板固定。家人准备供品犒劳来自另一个世界的信使。

清洗

韩国奉行儒家文化，只有与逝者同性的亲属才可以清洗其遗体。如果妻子去世，丈夫不能为其清洗或不能出席她的葬礼。前来奔丧的亲属要恸哭顿足，因为他们认为是自己平日疏于关心才造成其死亡，只有大哭才能赎罪。

清洗遗体时，要将其手脚指甲剪整齐并修理干净。逝者的头发要仔细梳洗，掉发要收集起来装入锦囊，放入棺材。家人要将钱币和三匙大米粒放入逝者口中，这样可以保证其往生一路顺利。清洗后，为逝者穿上韩式传统服装。然后将逝者双眼合上，耳朵用棉花塞住，手腕用绷带绑住，双手双脚要绑住，身体用布单盖好。

穿衣

清洗遗体的次日，要举行穿衣仪式。先穿上衣，然后是裤子，最后用布单盖住遗体。

入棺

遗体入棺前，先往棺内撒些香灰，然后摆上七星板，之后是衾被。遗体入棺后，要用逝者旧衣物填满棺内闲置空间。盖棺后，用钉子将其封死。最后用布裹住棺材。

丧服

逝者的直系亲属须穿孝服。孝服穿着的时间视其与逝者的血缘关系远近而定，可以穿三个月、五个月、九个月、一年，最长的要穿三

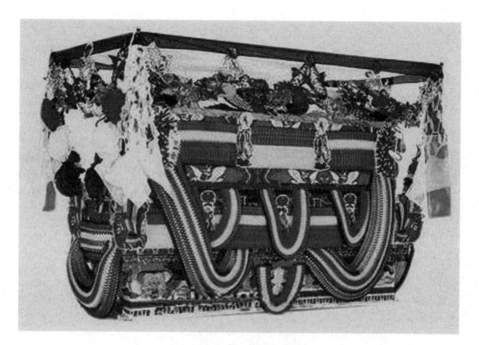

韩国葬礼上装饰艳丽的棺材

年。丧服穿好后，逝者长子宣布默哀，表示家人已经到齐。

吊唁

来宾吊唁逝者，逝者长子哭丧时，来宾应同时恸哭。之后，来宾向逝者遗像鞠躬两次，长子还礼两次。

丧讯

长子在外接到父母丧讯时，必须在第一时间大哭。然后用最快的速度赶回家，看到家的房子时，要第二次大哭。进家门，长子要先鞠躬两次，更衣出来，第三次大哭。

葬礼

葬礼前夜，杠夫将灵柩抬至丧家庭院正中，然后用几个小时的时间演练路上要唱的赞美诗，还要用纸花、飘带装饰灵柩。逝者生前

韩国传统葬礼的出殡仪式

的地位和名望，决定灵柩装饰的复杂程度。第二天一早，家人将棺材抬上灵柩，杠夫抬着灵柩前往墓地。路线须事先选择，一定要让逝者最后看一眼自己的房子、田地和村庄。走在殡葬队伍最前面的是持幡人、乐手、手持逝者黑框照片的人。葬礼主事高唱葬礼赞美歌曲，杠夫边抬灵柩边与其合唱。长子身穿棕褐色丧服紧随在灵柩后面，边走边放声大哭。其他家人和来宾走在后面，一路来到墓地。

安葬

土葬是韩国人殡葬的首选，各地安葬方式稍有不同。有的地方是将棺木直接埋入墓穴；有的地方则先将遗体放入墓穴，将棺材板盖在遗体上，然后培土将墓穴填满。剩余的棺材板要和纸花、飘带等一起焚烧掉。整个安葬过程，丧礼歌曲一直唱不停。墓地旁边要搭起丧棚，以便来宾向丧家表达哀思和献上奠仪。丧家真诚邀请来宾，在丧礼结束后，一起回去吃一顿白事饭。

灵牌

家人要用上好木料为逝者制作一个灵牌，上书逝者姓名等信息，将其摆放在其他祖先牌位旁，以便寄托哀思。据说，逝者灵魂要在灵牌里生活几个月甚至几年。逝者的周年祭是家中的大事，二周年祭时，丧期就结束了，这时，家人才可以除服，即脱去丧服。

现在，韩国城市葬礼已经告别杠夫了，取而代之的是装灵柩的汽车，来宾前往墓地一般要搭乘专线巴士。虽然习惯改变了，但对逝者的哀思并没有减轻。

第七章 平民葬礼

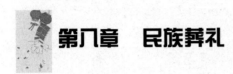

第八章　民族葬礼

一、蒙古墓地无坟包

指路

指路，蒙古语是"顺思穆日扎那"。蒙族人去世后，家人要为其请喇嘛念经、指路，让逝者到没有灰尘的享乐世界。

寿衣

白色在蒙古是纯洁的标志，蓝色是蒙古族最神圣的颜色。蒙古族寿衣一般是蓝裤白衫，足蹬绣花布鞋。衣服无纽扣，用带子系。子女不能为父母穿寿衣，须由村里年长的大婶帮忙。穿寿衣要在烧过七炷香后开始，逝者子女要赠赏钱或将逝者留下的衣物送给帮忙大婶。帮忙大婶要为男性死者剃头、剪指甲；为女性死者梳头、编辫子。

停柩

寿衣穿上后，家人要在逝者头旁摆放供果，并磕头祭拜。之后，将逝者手、脸擦洗干净，将遗体从窗户抬出入棺。窗口要用三根高粱秆摆成门形。停柩期三到七天不等，视各家实际情况而定。停柩期间，外人

位于内蒙古鄂尔多斯市伊金霍洛旗草原上的成吉思汗陵（1954年建）

可以随便吃拿供品供果。有些地方的人家甚至还有舍饭的风俗。

守灵

蒙古族守灵时，要吟唱挽歌，怀念故人，但不用披麻戴孝。守灵期间，家属要穿素服、免梳妆、无娱乐，甚至不用向外人请安问好。当年春节不得贴春联和年画。

出殡

出殡前要为逝者准备"嘛呢树"。这是逝者家人用刀砍下来的柳树枝，上面挂有写着经文的白色布条。这些"嘛呢树"稍后要种在逝者墓地上。出殡时，逝者的脚要朝前进方向。

安葬

蒙古族的安葬方式有天葬、火葬、土葬等。

天葬，也叫野葬。家人将逝者遗体装上勒勒车，然后用鞭子狠抽拉车的牲畜。牲畜拉着车子，任遗体在其上颠簸。遗体掉在哪里，哪里就是它的墓地，任由野兽啄食遗体，蒙古人认为这是逝者升天的方式。如果遗体没有被吃掉，就要请喇嘛前来念经，给逝者赎罪。天葬后，子孙在七七四十九天内不得剪发、饮酒、作乐。

火葬在过去是蒙古族贵族的安葬方式。贫民中，一般是鳏寡孤独、疫病死亡者、难产而死的孕妇才实行火葬。火葬前，要将遗体用白布包裹，然后涂上黄油。喇嘛念经超度后，将遗体与棺木一同火化。火化后的骨灰要撒入流动的河水中。贫民家的火化就在蒙古包外面进行，之后焚烧树枝或牛羊烘熏蒙古包"送瘟神"。火化时不能用自己家的木头和劈柴，要用邻居送来的劈柴火化遗体。

土葬分立棺和卧棺两种。立棺土葬时，遗体缠白布，坐尸在筐中，用土掩埋；卧棺土葬时，棺材面要与墓穴面平齐，表示子女不低人一头。

旧时，蒙古墓葬有一个非常特别之处，就是有墓无冢。冢就是坟头，为什么会这样呢？蒙古族是游牧民族，又是好战的民族，不给墓地留坟头和墓碑，是为了让亲人可以安静地长眠地下，不给敌人和盗墓者任何掘墓的机会。

二、壮族报丧响地炮

麽公

家人去世后，壮族人第一个想到的人就是"麽公"，即做法事的人。麽公负责卜算下葬日期、地点等与葬礼有关的所有问题。

报丧

家人将临终的老人从床上"龙拉"到地面的席子上，"龙拉"是壮语，意思是"从床上挪下来"。老人一断气，家人就要痛哭。这时，还要连放三响地炮向住在附近的亲友"报时"，即报丧。亲友听到报丧的炮声，立即从四面八方带着白麻布赶来奔丧。

清洗

清洗遗体的水一定要在麽公的指点下取得。孝男在麽公的指引下来到河边，向河里扔几枚硬币，用小瓮从河中取水。沿途还要摘几片柚子和柑子的树叶。回家后，将河水加热，并放入柚子、柑子树叶。孝男孝女要用此水为老人清洗遗体。如果逝者是男性，还

壮族麽公是当地民间的神职人员

要为其剃头理发；如果是女性，则要为其梳头。浴尸后，男巫将逝者眼睛合上，说："从今往后无烦恼，不要回头看阳间。"最后用红绸将逝者的脸盖上。

丧服

孝男孝女要穿白色丧服，头包白色孝布，脚穿手编草鞋。男性亲人要戴白色孝帽，女性亲人戴白色头巾或右手臂扎白布条，均不用穿草鞋。

入殓

棺材摆放的方向有讲究，就是脚要对着大门。棺材摆好后，家人要在其底部铺上火灰烬，盖上白纱纸，再垫上白布。然后由女儿放枕头，如果有多个女儿，则按长幼次序依次将枕头放入。枕头放好后，长子抱头，次子抱脚，将逝者在棺材上前后轻轻摆三次，然后将逝者放入棺材内。遗体入棺后，长子先为其盖上被子，其他子女依次为其盖被。逝者女儿要将纸制的鞋放在棺内，并将盖在逝者脸上的红绸掀开，最后由长子盖棺。

吊唁

服丧期间，子女要穿白色孝服，儿子要剃光头。宾客前来吊唁时，子女要还礼致谢。服丧期三到七天不等，由麽公经过卜算确定具体发丧日期。服丧期间每晚十时要吃斋饭，这顿斋饭必须是女婿所做。吃斋饭时，舅舅先吃，然后按大小顺序每人吃一碗。

发丧

清晨，麽公念经指路，准备发丧。念经毕，长子背棺至门外，将棺担在凳子上，家人上前用麻绳捆住棺材，免其滑落。之后，孝子按长幼次序行"过棺礼"，每人三次。起灵时，女婿持火把在前为逝者带路，还要边走边撒纸钱。众人一路走向墓地。

安葬

墓地，一般为逝者生前所指定。麽公念经后，走九步，此为墓地长度。然后麽公用铁锹在墓首挖一锹，在墓尾挖一锹，并将两处所挖的土掉换位置。仪式毕，众人开始挖墓坑。墓坑挖好后，麽公用火把将墓坑

广西壮族的岩葬

熏三遍，然后在墓坑里杀公鸡洒血。家人将棺材打开，查看逝者穿戴、仪容，以及棺内随葬物品是否具备下葬条件，此为"清棺"。得到麽公的首肯后，众人将棺材盖好，然后放入墓坑。麽公将挖出来的一锹土交给长子，长子围绕墓坑撒土三圈，然后众人给墓坑填土。逝者的女性亲属要在一旁号啕大哭，男性亲属要拉住这些悲伤的女性，以免她们跳下墓坑。安葬后，丧家要准备酒饭招待宾客和亲友。

广西西部地区石山、溶洞遍布，当地壮民有利用石山峭壁上的岩洞进行岩葬的传统，这种习俗直到民国年间还在延续。

送饭

下葬当晚，长子要亲至墓地给逝者送饭；第二晚送饭至半途；第三晚仅象征性地送饭即可。下葬第三天，孝子要去整修墓地，称作"夏山"。

回刹

下葬第13天，要为逝者举行"回刹"仪式。"回刹"时，要在堂屋搭建一座楼梯，以逝者的年龄确定楼梯台阶的多少，一般10岁为一蹬。每步楼梯蹬上都要放两个大米饵块和一块肉。这些食物是晚辈敬献的，女婿的放在右边；儿子的放在左边。楼梯下还要铺上细灰，一般验看逝者"回刹"，即转世的印迹。

三、彝族临终备祭羊

彝族对葬礼的重视程度，往往令目击者咋舌。普通人家要准备20头牛、1000斤猪肉，以及啤酒、米饭等，一次葬礼就要花费近20万元人民币。如果家庭富裕，则要杀50到100头牛，葬礼的费用也要几倍于普通人家。彝族葬礼方式很多，有树葬、陶器葬、岩石葬、水葬、天葬、土葬和火葬等，其中火葬在大小凉山地区盛行；土葬流行在滇、黔、桂等地。以火葬为例，葬礼程序分备丧、祭奠、指路、招魂、起灵、化形、聚食、安灵等仪式。

备丧

亲人弥留之际，家属要请毕摩或苏尼上门做法事。毕摩和苏尼都是彝族中有能力沟通神界的法师，区别在于毕摩以读经为主，苏尼以身体技能驱鬼禳灾为主，可谓一文一武。在现实生活中，彝族人民更尊重毕摩。亲人去世后，家人立即对天空鸣枪，向附近亲友报丧。当然也有放土炮的，声音更大。现在一般放烟花，更是热闹。然后，子女们要为逝者穿寿衣。

彝族毕摩

穿寿衣前，要将逝者的旧衣服全部脱去，然后用温热水或酒为其洗浴洁身。男性寿衣包括全身衣裤、披毡、头帕、白布裹腿；女性寿衣有衣裙、毡衣、荷叶帽。服装颜色以蓝、黑色为主。披毡，彝语为"杰衫"，是凉山彝族人必备的生活用品，它昼为衣，雨为蓑，夜为被。好的披毡要用五张完整羊皮才能制成。

家人要将一块烧熟的羊肉放在逝者手里，然后将其双手握成拳状交叉放于胸前，双腿微曲身体成弓形。逝者口中还要放些银子，俗称"含口银"，彝族人认为这样会让逝者灵魂得到净化，往生时得到财富。最后在逝者脸上盖一块手帕，然后将遗体抬至火塘前的竹篾笆（席子）上。

祭羊，彝语为"嘎巴确"。祭羊是彝族人非常重视的葬礼环节，不少彝族老人在生前就亲自选定了自己的祭羊。祭羊，一般是老公绵羊，以羊角盘三圈者为最吉利。在老人弥留之际，家人将祭羊牵至其床侧。老人一死，家人立即将祭羊勒死，表示祭羊陪伴老人而去。祭羊死后，家人要取其苦胆验看，如胆汁充沛则视为吉利，预示逝者家人平安无事，然后将苦胆挂在抬遗体的架子上。如果胆汁稀少，家人要把羊肝脏烤熟后切成数块，与肩胛骨、一个荞麦馒头和燕麦粉一起放在一个木盘里，供在逝者灵前祭祀。

抬遗体的架子称为"丫"，形状与担架类似。抬杠用白麻布裹缠，杠长每条达九尺。横梁的设置有讲究，即男九根，女七根，不能变化。置尸其上时，男性左侧卧，女性右侧卧。遗体上要盖一块六尺长的白麻布。

一切安顿妥善后，毕摩要卜算安葬日期。最吉利的安葬日为虎日和猴日。彝族人民用十二兽来记日月年，但各地所用的动物不尽相同。桂西彝族的十二兽为龙、凤、马、蚁、人、鸡、狗、猪、雀、牛、虎、蛇；川滇黔彝族的十二兽是鼠、牛、虎、兔、龙、蛇、马、羊、猴、鸡、狗、猪。确定安葬日后，紧接着就是祭奠仪式。

祭奠

彝族的葬礼之所以花费多，与祭奠仪式有很大关系。彝族风俗，一家死人，千家赴吊。虽然祭奠仪式仅有一天时间，但其内容却很丰富，有吊丧、过银桥、赛马、守灵唱丧等。

吊丧。听到枪声或通过其他方式得知亲人过世的消息后，人们立即启动"吉洛尔则达"。这是一种亲戚间的互助方式，即一家有难，八方支援，众亲戚从自家带着粮食和牲畜赶来参加葬礼。吊丧的亲戚中，"吾沙"即女儿婆家，是最卖力气的，也是来人最多的。婆家人临行时，要在村中"之普都吉格"，即向每户邻居讨要一斤酒。婆家来吊丧的队伍中，有枪队、刀舞队、说唱队、念经人等。他们在数里地之外就鸣枪通知亲家。亲家听到枪声后，派出刀舞队和枪队前去迎接，并要鸣枪还礼。

过银桥。这是彝族传统给奠仪的礼节，彝语为"曲则撮"。吊

彝族葬礼上的祭奠仪式

丧毕，众人来到院中，见一侧摆放一坛酒，酒坛边放一块木板，上铺一块缀着银片的红布，红布上端放着一柄宝剑。宾客用左手拉起披毡的油摆，在红布上轻轻一拂，高声道："我来过银桥！"然后放下奠仪。丧家则端上一碗酒表示谢意。

赛马。彝族葬礼中还有这样的运动元素，真是让人大开眼界。主客双方群至赛马场，以跑圈决定胜负。

守灵唱丧。家人和众亲戚在夜晚来临时，点燃篝火，边唱边跳，唱的是彝族丧歌，跳的是本民族的丧仪舞蹈。唱丧从傍晚开始，可以持续到深夜，也可以到天明。

指路

清晨，家人请来毕摩为逝者念《指路经》。彝民认为，人死后要归祖。而归祖之路，需要有人指引。这个人可以是毕摩，也可以是村中博闻强记、口才出众的人，念经的要求是不能错一个字，否则逝者就找不到归祖的路。

招魂

招魂仪式是防止逝者带走家人的灵魂。招魂前，家人准备好鸡蛋、盐巴、炒面等供品。毕摩手持装满供品的木盘来到灵前，将木盘恭敬放下，然后手拿一束新鲜的野兰花草说："送是要送你，跟是不跟你走。走在你前面的人，要用手拉回来；跟在你后面的人，要用脚蹬回来。"边念边用兰花草在遗体上拂一圈，然后将兰花草交予逝者长子。之后，兰花草要挂在家里，供品则要吃掉。

还有一种招魂方式，是在起灵前举行。长子跪在逝者灵前，毕摩对逝者念经："此后你要安居那边，不要回来！此去也不要把后人的灵魂带走。"说罢，毕摩接过丧家递来的一只活鸡，在遗体上转三转，然后将活鸡交予长子。这只鸡不能杀，要好好喂养。

起灵

招魂结束，家人鸣枪致哀，起灵仪式开始。先是将盖在逝者遗体

彝族人葬礼上鸣枪起灵

上的白麻布撕成几块，子女每个人分得一块。四名健壮的男青年抬起尸架，等丧家女眷起步后，马上跟随，而丧家男子要走在尸架后面。尸架两旁，还有多位手持剥皮柳条的人担负守护任务，阻挡路边随时可能出现的恶鬼。

化形

化形，即火葬。是日清晨鸡叫头遍，毕摩便带人上山寻找最适合的化形地点。找到后，毕摩先挖一个坑，然后将一棵松树砍成四段，分东西南北，分别放在坑的四周。其上，要按井字形摆放干柴。男性逝者摆九层；女性摆七层。遗体运抵后，连同尸架放在干柴上。遗体呈俯卧状，面东头北。家人将树枝盖在遗体上。负责化形的有两个人，分别从头、脚两侧点火。点火后，家人和亲友逐渐离开，留下几个人等待化形完毕后拿取骨灰。

聚食

聚食，彝语称"古迭"，是丧礼后主家为宾客准备的酒宴。聚食的地点一般是村中平坦的空场，妇女在白旗导引下，排成一队，绕场一周向宾客发兰花烟表示慰劳。然后家人抬出荞面饼、砣砣肉，平均发给在场的每一位宾客。聚食后，葬礼即告结束。

安灵

父母去世后，子女要请毕摩为其制作一个灵牌。这个灵牌要安放在逝者家里锅台左侧的墙上，每逢过年或家人生病，亲人都要向灵牌敬献酒食，并祭拜。

四、佤族死后做棺材

佤族是生活在中国云南地区的少数民族，人口仅35万。他们的丧葬习俗非常有特色。

美丽的佤族年轻人

看卦

家人弥留之际，要请人杀猪、宰牛看卦，卜算生死。如果卦象凶，就表明此人的灵魂已经离开他的肉体，不会回来，家人就要为其准备后事。

裹尸

家人去世后，子女要放几块半开在其口中。半开是过去在云南流通的货币。穷人家没有半开，也可以放茶叶、盐巴或糖块代替。

佤族习俗规定逝者的衣服上不能有纽扣。换上寿衣后，如果逝者是男性，就用白线将其双脚拇指拴拢；女性则用红线。之后，用新毯子或寿布将遗体包裹起来，并用绳子分三道捆扎好，安放在主火塘的右上方。

佤族民居

报丧

佤族报丧也用鸣枪的方式，不过是专为男性死者的。女性死亡后的报丧要敲锣。亲友和邻居闻讯后，要立即起身前来吊丧。

吊丧

丧事的主持人一般是逝者的女婿或舅舅。如果有两位女婿，则大女婿负责主持，二女婿负责接待。奔丧来的亲友邻居将带来的一筒水酒、一碗米、一坨盐巴、一块茶、一包烟叶等礼物交给主持人（大女婿）后，二女婿出面招待客人喝水酒，待客用的饭菜则是大女婿亲手烹饪的。

吉日

当地长老们聚在一起，杀鸡卜卦，为逝者算得安葬吉日。过去，由于吉日难得，所以佤族人并没有"三天出殡"之说，而是逢吉日即可。如果当天是吉日，家人也会当天安排出殡。如今，基本上成人死亡三天出殡，儿童二天出殡。

制棺

确定吉日后，男人们带上斧子和食物进山寻找最好的树用来制作棺材。树木选定后，先要对空鸣枪三响，赶走树鬼，然后才能伐树。树砍倒后，锯下长约两米的一段，用夹木楔劈成两半。按逝者身材高度，中间挖空可以放下遗体。棺材制作完毕后，众人将其抬至公共墓地。

入棺

出殡当天，家人将遗体用竹杠抬着，绕火塘一圈后，从一道鬼门将遗体抬出去。鬼门平时紧闭，只有丧事时才打开。遗体放入棺材后，盖棺，然后用三道竹篾把棺材捆紧，并用牛粪和石灰水将棺木密封。之后，人们要"娱乐死者"，围着棺材跳起本民族舞蹈，一旁还有芦笙和三弦琴伴奏。

安葬

埋葬棺材前，要在其旁边用戥子（称量贵重物品的小称）称银质品。其实，这是一次分配遗产的仪式。死者留下的遗产要在安葬时分配给子女。如果死者没有遗产，就象征性地用戥子称个银镯子。如果是正常死亡，全寨子的人都要停止劳动一天。

接魂

安葬后第三天，奔柴要去死者坟上接魂。"奔柴"也称"教气艾"，是佤族宗教活动的主持人，地位等同汉族巫师。下午，奔柴将白麻布放在坟上。如果有小虫爬上，奔柴便马上将其捉住，并关入竹筒内。如果没有小虫出现的话，则可以抓把坟头上的土来代替。奔柴回来后，将竹筒放在"嘎莫昇"，即主火塘主位上的木板上，那里是安放死者阴魂的地方。然后做法事，祈求附在小虫身上或土上的死者灵魂保佑全家平安健康，并祝愿死者灵魂快乐。这个竹筒以后便一直放在那里，只有在家里发生大的意外事件时，才会将竹筒请走。

五、傈僳人生前试棺

傈僳人在中国境内主要居住在云南怒江傈僳族自治州，人口约73万左右。中国境外的傈僳族主要分布在缅甸、泰国、印度等国。傈僳族分为南北两群，北群有白傈僳和黑傈僳之分，主要分布在云南怒江傈僳族自治州；南群有花傈僳，聚居在云南德宏傣族景颇族自治州的盈江县、保山市、临沧市。"傈"是民族名，意为"高贵"；"僳"指人或族。傈僳族历史有千年之久，她的丧葬文化也别有特色。

傈僳族民居

试棺

傈僳人家的儿子要在老人生前为其制作棺材。棺材做好后，外面漆黑色，棺头写红色"寿"字，表达期望老人健康长寿之意。试棺仪式在老人生日当天举行，家人要邀请叔伯见证。仪式开始前，家人将棺材摆放在屋子正中央，前面点香，并打开棺盖。仪式开始，儿孙跪在棺前，老人在兄弟们的搀扶下躺进棺材。老人出棺后，儿孙才能起身。然后全家在一起美餐一顿庆祝试棺成功。可以看出，试棺在傈僳人眼里是件喜事，因为试棺的目的，一是试验棺材是否合身；二是希望老人寿比南山。

备丧

老人去世后，家人要在第一时间将其身体、手脚放直，然后将其抬到一块长方形铺着白麻布的木板上。摆放时，头要朝门，脚朝内。家人还要为逝者换新衣。逝者是男性，要在其头前放一碗酒、一碗米饭和一个背篓（这个背篓稍后有用）。在地上钉个小木柱，然后用麻绳系住活鸡的一只脚，将麻绳拴在木柱上。将逝者生前使用的弓弩、箭包、烟包等物品放在遗体左边；将用来盛放亲友奠仪的竹筒和竹篮放在遗体右边。逝者是女性的话，其他仪式都一样，只是放在遗体左边的用品要换成她生前用的织布用具等。家人还要派人四处通知亲友，向他们报丧。

吊唁

在家停灵期间，子女请"尼扒"前来念咒。"尼扒"是傈僳族巫师，出殡前，尼扒带着两个徒弟要24小时不停地念咒祷告。亲友前来祭拜时，尼扒要走到逝者遗体前，告诉逝者道："某某前来看你。"亲友祭悼时，不用跪拜，只需拱手致意即可。亲友们带来的酒，要倒在遗体右边的竹筒里；粮米等要放在竹篮里。丧家要杀猪宰羊款待亲友。宰杀猪羊前，要先将猪羊四蹄捆好，抬至逝者面前。尼扒对逝者说："这猪羊是送给你的，你要带走它。"说完，尼扒让人将猪羊抬走宰杀烹煮。肉煮熟后，尼扒要切一块放在逝者头前的背篓里，然后众人才可以享用。放在背篓里的肉也是有讲究的，在云南省碧江县生活的傈僳族一般给男性死者供肉九斤，女性七斤。

煮饭

傈僳人有为死者煮饭的传统，叫"双皮杂家"。煮饭的厨师必须是寡妇。煮饭的规矩是，死者为男性用九把米；女性用七把米。米要

傈僳族妇女服饰

与猪肉、内脏同煮。煮熟后，用布口袋盛饭，然后放在死者头前。死者的饭也是一日三餐，每餐都要精心准备。

出殡

傈僳族一般是三天出殡。出殡前，家人要制作一个抬杠。抬杠用木头制成，两边是两根长棍，中间有数根横棍。死者为男性，横棍用九根；女性用七根。尼扒手持一根三叉松树枝，在遗体前念咒语。咒语念完，尼扒用砍刀在三叉松树枝的中段削出一个缺口，然后跑到大门外，转身，对着屋内的遗体大声说："你去吧，我不去！"尼扒说完，众人就抬起遗体向门外走去。遗体身旁的弩弓等物品都要放在背篓里，一起带往墓地。

尼扒看到遗体抬起，便猛地向后倒下，站在他身后的两个徒弟立即将他扶住。看到这里不要紧张，这是丧仪风俗的一个环节。徒弟扶住尼扒后，就大声呼喊他的名字，为其叫魂。同时，丧家要拿来酒肉，尼扒就地大快朵颐，就是喝多了也没关系，因为他是不可以去墓地的。

安葬

傈僳族的老人死后一般安葬在自家的农田里，至于葬在哪里，何时安葬，多数人都没有太多讲究。不过也有例外，云南碧江县的傈僳族则认为在鼠、兔、蛇、猴、鸡、猪等日是下葬吉时。

一般傈僳人安葬亲人时，要先挖一个长方形的坑，然后用五块木板将坑底和四周挡住。安放遗体时，一定要将其头部朝东面。遗体放入坑中后，上面不盖板，直接填土安葬。安葬后，在坟头竖一个木桩，将逝者生前使用的弓弩等物挂在上面。曾经拴在遗体旁边的活鸡这时也带到墓地来了，丧家将其就地放生，不得追回。之后，安葬完毕，众人各自回家。

搭屋

葬后三天内，家人要禁洗脸、禁梳头、禁洗衣、禁劳动、禁拜访。家人吃饭时，每次都要向空中泼撒米饭祭奠死者。葬后第三天，家人再次回到死者坟前，为其搭屋。搭屋前，要杀猪，然后将半个猪头放在坟前，其余的猪肉就地煮熟。肉熟后，满满盛上一碗放在坟头祭奉死者。祭奉猪肉后，家人开始为死者搭屋。搭屋是取一根长棍，在其上绑十八根短棍，每两根组成一个"人"形，共九"人"。同样，女性死者还是用七"人"，即是十四根短棍。

碧江县的傈僳人对修坟非常重视，这点还是与多数本民族人不一样。他们的墓坑是用青石板铺就，外面用砖石罩面。而且修墓时，还要跳"死舞"，唱"死歌"，热闹非常。

六、基诺儿子剃光头

基诺族主要生活在云南省景洪基诺山，人口约两万。他们认为自己是"诸葛亮七擒孟获"故事中孟获部下的后裔，所以他们尊奉孔明，服饰上绣有"孔明印"，即月亮花图案。基诺人有自己的语言，但没有文字，刻木记事是他们的传统。刻在竹木上的就是文化的传承，其中自然少不了对丧葬习俗的记载。那么基诺族的丧葬有哪些习俗呢？

备丧

基诺族老人临终前，亲人要为其穿上寿衣。死后，家人放声大哭，并将事先准备好的两个鸡蛋、两块银币和一块白布拿出来。两个

基诺族少女

鸡蛋要分别放在死者左右手中；两块银币要分别盖在左右眼睛上；白布要盖在脸上。家人将死者生前衣物装入筒帕（傣语，挂包），并放在其身上；死者用过的农具等作为随葬品要摆放在其身旁。同时，还要在其身上放一把扇子，为老人在往生路上扇凉；一条毛巾为老人擦汗。所有这些准备完毕后，家人用一条白布将遗体盖上，然后将遗体移至客房。在客房的房梁上要挂两块可以垂到遗体的白色砍刀布。所谓砍刀布是基诺族妇女亲手织的衣料。由于织布用的木梭在织机上来回穿行一次，就要用砍刀形状的木板推紧，所以基诺族妇女纺织的衣料就叫"砍刀布"。

房梁上，砍刀布旁，死者儿子每人都要挂上一个新筒帕。这个筒帕有大作用，稍后会讲到。死者身旁还摆放着一张竹桌子，上面供放祭祀用品。地上还要挖坑烧一塘火。

基诺族妇女在织砍刀布

戴孝

基诺族为长辈戴孝的风俗非常有特点。儿子要剃光头发、脱去包头、摘下耳环、卸去包腿布，根据传统习惯，三个月内儿子不能打包头或戴帽子。包头一般为黑色。由于基诺族男子习惯留长发，编辫子，便用黑布包头将辫子包起来。已婚妇女要在头上做个发髻，表示戴孝。儿子和女儿都要披白孝布。

滚灵布

滚灵布是基诺族判断儿子、儿媳生前是否孝顺的传统仪式。每个儿子结婚时，儿媳都要织两块滚灵布。灵布为白色，宽约五寸，长九尺。老人死后，儿子们就要分别去摘梭罗树枝，然后以树枝为轴，将灵布紧紧卷在上面。准备就绪后，请人爬上屋顶，将灵布按长幼顺序摆放好。儿媳们在屋檐下排成一行，邻居们纷纷前来围观，等待灵布从屋顶落下的那一刻。如果谁的灵布滚下来是垂直的，就说明这个儿子和儿媳在老人生前非常孝顺；如果灵布滚下来是歪的，则证明这个儿子和儿媳对老人不好。可以看出，这种仪式带有强烈的迷信色彩，近乎荒谬。

筒帕

还记得前面说过的儿子们挂在停尸客房里的筒帕吗？在停尸期间，这些筒帕每天都要取下来检查三次，不过，基诺族一般当天就埋葬，最多停尸到第二天。谁检查呢？是由基诺族的莫丕，即巫师，来检查。检查什么呢？莫丕将筒帕取下来后，检查里面有没有多些东西。如果多了谷壳，就预示主家的庄稼要丰收；如果多了一两根兽毛，则表示主家打猎会有大收获。当然，如果什么都没发现，则是不吉利的象征。

制棺

土葬是基诺族的传统，棺材就是必备的。基诺族的棺材一般是独木棺，就是将一段树干剥皮后破成两半，然后将中间挖空，这就是独木棺的雏形。棺木抬回家后，要请师傅在上面画上各种吉祥花纹。

入殓

入殓时，莫丕主持五名青年男子跳花脸舞和竹竿舞。表演时，一名花脸张牙舞爪，呲牙咧嘴，代表鬼神要吃掉遗体；其他四人每二人一组，手持竹竿，时上时下，时开时合。花脸则在竹竿中间灵活跳动，表示鬼在逃避人们的驱赶。

基诺族民居

出殡

基诺族相信人死后会到"苏季左米"，即鬼居住的地方。从家到苏季左米要经过九个岔路口、三道关。出殡时，丧家要准备彩色幡和人形幡。彩色幡是送给各关口的礼物；人形幡是送给基诺族在基诺山定居地的土地爷——"杰卓"官的。持幡人走在送殡队伍最前面，之后是抬棺的人，走在棺材后面的是逝者家人。一路上，要鸣枪吓鬼，还要撒米喂鬼，同时还有吹箫人为鬼引路。出殡前，家人还要准备六个装满肉菜的竹筒和一个装苦子汤的竹筒。苦子是种植在海拔1400米以上的云南哈尼梯田的一种蔬菜，味苦，但清凉解毒，当地人非常喜欢食用。送殡队伍走出寨门，要将苦子汤的竹筒扔在寨门旁，献给"周米"即寨鬼。

下葬

基诺族的墓地是村社共有的，且面积是固定的。在基诺人的认识和传统里，墓地就是鬼界，墓地扩大面积，就是鬼魂增加了。墓坑挖好后，主持人用树枝在里面横竖扫几下，不让人的脚印留在里面。当众人将棺材放入墓坑后，有人立即在旁边敲死一条狗，并将其扔在棺材上，然后开始填土埋葬。埋葬时，儿子按长幼次序先后填土。

基诺族的墓地像一间房子。坟堆呈长方形，三面用竹子围住，正面留门，上面用草排和篾笆覆盖，这种墓地也叫坟墓棚。墓棚建好后，将门关上，家人在门前磕头，向逝者告别。回家的路上，要用草将脚印覆盖，以防鬼魂跟随。到家后，众人分两组从两侧分别绕房走一周。之后，还要洗手洗脚，洗掉身上的污秽和恶鬼。最后，大家一起吃饭。

以后，家人每天都要前往墓前为逝者献饭两次，十三天为一轮。献饭时间，少则一个月，最长的要献饭二年。现在普遍献饭三天。最后一次要杀只鸡。

七、畲族盛唱白事歌

大多数的畲族同胞居住在福建和浙江两省，其余在江西、广东和安徽等省生活。畲族有71万人口，是中国第19大少数民族。畲族人爱唱歌，爱唱山歌，他们用山歌表达衣食住行，祭祀婚嫁，甚至连葬礼都要唱白事歌，以歌声代替哭声。畲族人葬礼的程序是怎样的呢？

畲族少女

报丧

畲族老人去世后，孝子要马上出发前往亲戚家报丧。父亲死，孝子去叔伯家报丧；母亲死，孝子去舅舅家报丧。报丧的目的是邀请长辈参加葬礼，因为畲族的习俗是叔伯或舅舅未到之前，逝者的丧礼仪式是不能开始的，哪怕是为其洗浴这么简单的事。

报丧时，广东潮州凤凰山区的畲族孝子要将衣服反穿，人们看到这样的装束就知道此人家里有丧事。孝子到叔伯或舅舅家后不进门，只能在门外哭诉。长辈得到信息后，立即换上素服，与孝子回家奔丧。

如果是母亲去世，孝子与舅舅抵达村口时，要燃放鞭炮通知家人。家人立即一手持明香，一手举酒杯，按长幼顺序，在家门口跪迎舅舅。两家还要对歌。之后，舅舅扶起晚辈们，并接过明香，进屋后插明香于香炉里，向自己的亲姐（妹）致哀。

孝子要请舅舅吃"娘家茶"。娘家茶其实就是喝茶、吃点心，唯一特别之处是喝茶之前孝子要为舅舅洗脚。

浴尸

浴尸就是用水清洁遗体，而水却是"买"来的。"买"水前，孝子要先观察水流方向。父逝买顺流水；母逝买逆流水。"买"水时，孝子要在河边烧纸钱。烧过纸钱后，孝子用桶从河里提水，这水就是为逝者浴尸的洗澡水。

穿衣

浴尸前，要为男性死者剃头，为女性死者梳发髻。浴尸后，要为死者穿寿衣。男性的寿衣外套为黑色，但起码要穿三层，最多可以穿九层；女性寿衣以双数为吉，最外面要穿她当年的嫁衣。畲族妇女的嫁衣名为"凤凰衣"，它的衣领、衣袖、衣边都绣有美丽的花纹，象征凤凰的翅膀和美丽的羽毛。此外，还要为死者戴上凤冠，并穿上鞋子。

入殓

畲族的棺木是独木棺，就是将一段树干劈开两半，然后挖槽纳尸于其中。入殓时，须在里面先放一个装满谷壳的枕头。遗体入棺后，还要在棺内放些茶叶、米和纸灰包。母亲入殓时，一定要舅舅亲自验看后才能封棺。

灵台

丧家用一大块土布将棺材遮挡在里面，并在土布的外面搭起灵台。在一张桌子上面摆上供品。供品有鸡、鱼、豆腐、青菜等，还要杀猪和白羊各一只。

白事歌

灵台搭好后，家人要唱白事歌。畲族人的丧仪是以唱代哭，他们在葬礼上唱的白事歌，也叫"哭歌"或"哭灵歌"。负责唱白事歌的都是家中女人，她们围坐在棺材四周，用歌声表达对亲人离去的哀思和悲伤。歌词多是赞美逝者生前的美德，如"没有爹娘无主张，家有金银枉思量"等。

做功德

畲族的习俗是只为学过师的人做功德，那么"学过师"是什么意思呢？畲族人民的祖先盘瓠王是他们心中永远的英雄，每个畲族男人都希望通过祭祖得以学习祖先的勇气和智慧，即学师。学师后，畲族男人会得到一个法名，然后将法名和学师时间写在红布条上，并将红布条系挂在"祖杖"上。学过师的人是"红身"；未学的是"白身"，如果家中有一代人未学师，则是"断头师"。未学师的人是没有资格为父母治丧的。

做功德的时长视财力而定。可以连续做72小时，也可以仅做24小时，即一天一夜。四位或八位祭师在灵前诵读祭词，并唱功德歌，跳白鹤舞。白鹤舞是三人围着棺材跳的一种舞蹈，一人背着竹篓，另外二人抬着麻袋，每次要跳一个小时。

孝子饭

孝子饭，畲族称"炊孝饭"，是祈祷逝者平等对待晚辈的一种仪式。两位孝子从灶台抬出一个盛米的饭甑到灵堂前，三鞠躬，然后再抬回厨房，放在锅上蒸。逝者的孝男孝女手持孝篾在一旁站成一排，一边用篾击甑，一边观看饭甑里水蒸气出锅的先后、快慢，口中还念念有

畲族乌米饭

词，道："平平过，平平上。"同时，还要唱炊饭哀歌。

孝子饭蒸熟后，还是由两位孝子抬饭甑到灵前。灵前事先放一竹木凳子，两位孝子抬饭甑站在上面，众人纷纷上前，从饭甑里抓一把饭来吃。炊饭哀歌里唱道："饭甑炊饭众人食，众人食了都唔退。"吃了饭后，众人开始为逝者烧纸钱，称为"孝子祭"。

出殡

畲族可以是一天出殡，也可以三天出殡，这要看做功德的时间长短。出殡前，在逝者棺材上披一条代表金木水火土的五色带。每位儿媳和女儿还要准备一个竹篾备用。出殡时，儿媳挑着香炉和油灯走在队伍最前面。走在她的身后是逝者的孙子们，他们负责"引路"，即撒纸钱。儿媳一路不能回头观望。

到墓地后，儿媳解下披在棺材上的五色带，分给孙子们系在脖子上，据说可以保佑晚辈健康。之后，要进行"抽竹篾"仪式。儿媳和女儿们要将带来的竹篾放入墓坑中，并用土埋住。"抽竹篾"仪式开始，众子女一起动手，用力往外抽竹篾。谁第一个抽出，谁就会得到逝者的保佑和祝福。

二次葬

畲族早期以悬棺和火葬为主，现在的畲族人实行二次葬。二次葬，又名"捡金"。安葬逝者一到三年后，家人选择在清明节或冬至节等重大节日为逝者开棺，实行二次葬。开棺前，先准备一个陶罐，畲族人称其为"金瓮"。开棺后，捡骨的次序是从下而上，先捡下肢骨，然后上肢，最后头颅。捡起的骨头要放入金瓮中，封好。家人在山坡铲出一个垂直面，并在垂直面上挖一个可以容纳陶罐的洞，把陶罐恭恭敬敬地放入洞中，最后用若干石块将洞口封住。二次葬后，家人要将棺材"化殓"，即烧掉。

第九章　名人葬礼

一、孙中山的国葬礼

1925年3月12日上午9时30分，孙中山先生在北京铁狮子胡同顾维钧宅（今张自忠路23号）因肝病医治无效，与世长辞，享年60岁。国民党中央执行部当即决定成立中山先生治丧委员会，汪精卫为主任委员，成员有于右任、吴稚晖、宋子文、孔祥熙、李石曾、孙科、邹鲁、林森等。

由于中山先生生前曾遗嘱保留遗体，供党人看视，故其逝后的第一件事就是联系医院。中山先生独子孙科立即电话联系北京协和医院，医院同意为遗体做防腐处理，但要求解剖遗体以确定死因。治丧委员会经研究，同意医院的要求，并派马超俊等八人前往医院护灵。

当晚，治丧委员会发表通电，宣布中山先生逝世，并命中国国民党党员左臂缠黑纱七日，停止宴会和娱乐七日，全国下半旗致哀三日。

次日，协和医院外科全体医生齐集，为中山先生遗体实施解剖手术。经医生最后诊断，先生肝脏全部溃烂，死因确诊为恶性肝癌。之后，医生们为中山先生遗体进行防腐处理。3月15日上午10时，防腐手术完毕，举行大殓仪式。

大殓

大殓需用棺材，治丧委员会先后为孙中山准备过四副棺材。3月15日大殓上临时使用的第一副棺材是一尊美国制造的沉香木棺。沉香木被誉为植物中的钻石，因自身散发着无法用人工合成的浓郁香气而得名，是昂贵的木料兼中药材，目前市场上的沉香制品都是以"克"为单位进行售卖，且价格千元起步，远超黄金数倍。

美国华盛顿大学医学院贝克尔医学图书馆珍藏的孙中山灵堂外景

躺在沉香木棺中的孙中山遗体，头戴大礼帽，身穿民国大礼服，足蹬黑色皮鞋，仪态威严，让人肃然起敬。大殓的地点选在北京协和医院的大礼堂，采用基督教殡验仪式，孙夫人宋庆龄、孙科、宋子文等均出席仪式。宋庆龄"哀伤甚盛"，孙科派人护送其回铁狮子胡同休息。

停灵

3月19日上午11时，孙中山灵柩在家属及宋子文、孔祥熙、张继、汪精卫、于右任、李大钊等护送下，在沿途10万余群众的注目送别下，运抵北京中央公园（今中山公园）社稷坛大殿。

社稷坛是一座三层汉白玉石砌成的方坛，明清两代帝王祭祀祈祷国泰民安的场所。坛面铺青白红黑黄五色土，对应东西南北中五个方位。坛中立有"社主石"，象征江山永固。坛北有一座拜殿，孙中山的灵柩就停在那里，便于群众吊唁。为纪念孙中山先生，1928年国民政府将中央公园更名为中山公园，其拜殿更名为中山堂。

孙中山的灵柩上覆盖着国民党的青天白日旗，灵柩前悬挂着孙中山巨幅遗像。遗像上方有白布横额，上书"有志竟成"四个黑色大字。遗像两旁有"革命尚未成功，同志仍需努力"白布黑字挂联。灵堂内鲜花翠柏环绕，庄严肃穆。

20日上午，宋庆龄与孙科等前往北京西山碧云寺查看，确定该地为孙中山灵柩暂厝之所，待南京中山陵建成后，再行奉安大礼。碧云寺始建于元代，寺内最高点金刚宝座塔下，建有"孙中山先生衣冠冢"。

公祭

3月24日，孙中山公祭礼在中央公园举行。公祭前，先由宋庆龄、孙科等家属行家祭礼。参加公祭的市民有数十万之多，来宾皆获赠白花一朵、孙中山先生遗像和遗嘱传单一份。公祭时间长达一周，共收到花圈7000个、挽联近6000幅，签名吊唁者达74万余人，规模之大、人数之多，为民国成立以来所仅有。

3月30日，孙中山的第二副棺材——苏制玻璃棺运抵北京。孔祥熙专程去火车站迎接玻璃棺，并将其运往协和医院检查。检查后，医生认为此棺如果在中国北方使用，里面的遗体可以保存150年；而如果在中国南方，则遗体保存的时间仅为20年。这让孙中山的家属和部下大失所望。有人会问，那就在北方安葬孙中山吧，为什么偏要在南方？其实安葬在南京是孙中山自己的意思。

早在1912年3月，孙中山还是中华民国临时大总统时，有一天，孙与胡汉民、郭汉章、孙科等在南京紫金山狩猎时曾对着大山方向说："候他日逝世，当向国民乞此一块土，以安置躯壳耳。"这就是最后将孙中山先生安葬在南京的原因。

话题再回到棺材。由于苏制玻璃棺不能使用，而沉香木棺又是临时使用，治丧委员会便请协和医院赶制一尊中式楠木棺，以便在碧云寺安放孙中山遗体。

暂厝

4月2日，孙中山灵柩由中央公园起灵移至西山碧云寺暂厝。是日，北京城内各政府机关、学校、商铺均下半旗致哀。北洋政府陆、海军护灵仪仗队整齐地站在中央公园南门外，无数警察沿街巡逻维持秩序。上午11时，仪仗队鸣礼炮33响，送殡队伍出发。

孙中山灵柩放置在一辆由四匹骏马拉着的炮车上，灵车后面的第一辆马车里坐着孙夫人宋庆龄女士。天空中，三架北洋政府空军战机盘旋护航；地面上，近30万民众护送灵柩至西直门，有2万人甚至步行前往西山。

下午4时25分，送殡队伍抵达碧云寺。事先，人们用木板在山道和台阶上搭起长坡，灵柩很容易地就运至金刚宝座塔下。4时30分，孙中山先生灵柩在庄严的哀乐声中被安放在金刚宝座塔内。

换棺

三天后，即4月5日，为孙中山定制的上等中式楠木棺完工。这天正好是清明节，治丧委员会决定为孙中山换棺。楠木棺内部为铝制，为防止遗体腐烂，里面贮满福尔马林。遗体放入楠木棺后，上加透明玻璃隔断，然后盖棺。这是属于孙中山的第三副棺材。宋庆龄、孙科、宋子文等均莅临现场，亲视换棺仪式。之后，宋庆龄与孙科乘车前往南京，勘察孙中山墓址，并参加当地举行的悼念大会。

陵墓

1925年9月20日，宋庆龄、孙科夫妇等在上海出席孙中山葬事筹备委员会召集的关于孙中山陵墓图案评判的会议。大家一致认可并选定著名建筑师吕彦直的设计。吕彦直（1894—1929），安徽滁州人，美国康奈尔大学建筑工程专业毕业，负责南京中山陵、广州中山纪念堂和中山纪念碑的设计工作。吕彦直的设计获选后，得到2500元的奖

南京中山陵全景

金，并获聘为中山陵建筑工程师。中山陵于1925年12月破土动工，经历三年，于1929年5月验收竣工。可惜，吕彦直因为过于劳累，竟于1929年3月18日病逝，未能亲见奉安大礼。国民政府为表彰其功绩，特在中山陵祭堂的休息室内为其制作半身遗像一尊，可惜该雕像在抗战中失踪，至今下落不明。

中山陵位于南京紫金山南麓，面积共8万平方米，中轴线上有牌坊、墓道、陵门、石阶、碑亭、祭堂、墓室等建筑，墓地鸟瞰呈"自由钟"图案。陵墓入口有高大花岗岩石牌坊一座，上有孙中山手书"博爱"二字。过牌坊后，经375米长墓道，到达陵门。陵门上有"天下为公"四个金字。之后是碑亭，中立9米高汉白玉石碑，上为谭延闿手书"中国国民党葬总理孙先生于此 中华民国十八年六月一日"24字。从牌坊到祭堂共有392级台阶，象征当时中国3.92亿人口。祭堂为仿中式建筑，上有"天地正气"金字匾额，下有并排三拱门，门上各有"民族""民权""民生"篆体金字。祭堂正中，立有一尊高4.6米的孙中山坐像。祭堂后面为墓室。墓室为圆形，直径18米，高11米，中央是长方形墓穴，墓穴上方是汉白玉制的孙中山卧像。墓室穹顶正中央是一面由蓝白色玻璃瓦拼成的青天白日旗。

铜棺

孙中山逝世不久，其遗体虽经防腐处理，但头部已经开始变黑，于是家属和治丧委员会决定为其实行土葬。土葬所用的铜棺是从美国定制的，耗银1.5万两。该棺为精铜制成，长2.24米，宽0.8米，高0.65米，四周雕饰花纹，棺内为圆形，衬布为华美绸料，重约476.7公斤。铜棺于1925年8月运抵上海，存放于今卢湾区香山路7号孙中山故居内。1927年5月转运至南京，后于次年12月23日从南京运抵北京。铜棺是属于孙中山的第四副棺材。

1929年5月22日，在西山碧云寺为孙中山举行换棺仪式。宋庆龄、

第九章 名人葬礼

孙科等在旁亲视。协和医院医生史蒂芬为孙中山遗体加裹白绸，然后孙科等人为孙中山遗体换衣。之后，孙科、林森、吴铁城、马湘将孙中山遗体移至铜棺内。孙科封棺，并与卫士将铜棺抬至祭堂。从孙中山遗体上换下来的大礼服、大礼帽等物品就留在了碧云寺的楠木棺里，成为"孙中山衣冠冢"的葬品。

奉安

1929年5月26日，孙中山先生灵柩奉移南下。国民政府下令全国下半旗7日、人民臂缠黑纱致哀，并派专车运灵柩前往南京。时任国民政府主席蒋介石专车到蚌埠，亲自迎灵，并同车赴南京。5月28日，灵柩运抵南京，暂停于丁家桥国民党中央党部大礼堂，等候公祭。

5月29—31日为公祭时间。公祭时，铜棺的棺盖取下，换成一块厚玻璃隔断，以便民众瞻仰。除中国民众和政府官员外，国外使节、罗马教廷专使也参加了公祭。

6月1日，奉安大典隆重举行。凌晨3时20分，宋庆龄、孙科夫妇、蒋介石夫妇、宋子文夫妇，以及国民党全体中央委员、国民政府委员、外国使节等陆续抵达大礼堂。4时，移灵典礼开始，胡汉民主祭。礼毕，家属等扶灵柩出祭堂。此时，狮子山炮台响起101响礼炮。众人将灵柩抬上灵车，然后分列灵车两侧送灵。中山陵石阶前摆放着亭子式的灵舆，108名杠夫肃立等待。9时20分，灵车缓缓而至，停在灵舆前。众人将灵柩抬至灵舆上，9时45分，杠夫在哀乐声中，启动灵舆，缓步拾阶而上。宋庆龄等女眷在布幔内步行，蒋介石、孔祥熙在灵前指挥，孙科走在前面引导。10时8分，灵舆抬至祭堂前，杠夫换小杠，执绋人员恭扶灵柩入祭堂。10时15分，灵柩停于祭堂中央，宣赞官宣布举行奉安大典，由蒋介石主祭，谭延闿、胡汉民、王宠惠、戴传贤、蔡元培陪祭。礼毕，孔祥熙率杠夫抬灵进入墓门，家属、蒋介石、孙中山故交日本人犬养毅等随进，与杠夫一起奉安孙中山铜棺于墓穴内。此时，狮子山再响101响礼炮。与此同时，全国各地民众停止工作，默哀三分钟。

12时整，奉安毕，众人退出。接着，各国使节、中国政府官员等进入墓门行三鞠躬礼，军乐队奏哀乐。礼毕，众人退出。随后，宋庆龄、孙科夫妇等将墓门缓缓关闭。至此，孙中山先生奉安大典告成。

二、袁世凯的国葬礼

袁世凯（1859—1916），字慰亭，号容庵，河南项城人。袁世凯是中华民国成立后第一位正式大总统，不想他权欲熏心，竟于四年后，改元洪宪，自任中华帝国皇帝。但他的皇帝仅仅做了83日。1916年6月6日，袁世凯因病去世，终年57岁。

由于北洋政府军政大员多为袁世凯旧部，所以他的葬礼并未因其帝制自为受到任何影响，反而受到国葬待遇，极具哀荣。

丧仪

袁世凯逝世后，继任大总统黎元洪决定按照大总统礼遇予其国葬待遇。黎元洪发布大总统令，命外交总长曹汝霖、内务总长王揖唐、财政总长周自齐负责办理前大总统袁世凯丧典礼，并在中南海怀仁堂大门左侧设立"恭办丧礼处"。当时，中华民国政府还没有一部《国葬法》，丧礼的仪式和程序只好请国务院紧急拟订。很快，《前大总统丧礼议定条目》制定完毕，共十三条：

一、各官署、军营、军舰、海关下半旗二十七日（自六月六日起）。出殡日下半旗一日。灵柩驻在所亦下半旗至出殡日为止；

二、文武官吏停止宴会二十七日；

三、民间辍乐七日，出殡及国民追悼日各辍乐一日；

四、文官左臂缠黑纱二十七日；

五、武官及兵士左臂及刀柄上缠黑纱二十七日；

六、官署公文封面纸面用黑边（宽约五分）二十七日；

七、官署公文书盖用黑色印花二十七日；

八、官报封面用黑边（宽约五分）二十七日；

九、自殡奠之后一日起至释服日止，在京文武各机关除公祭外，按日轮班前往行礼。京外大员有来京者，即以到日随本日轮祭机关前往行礼。驻京军队按日分班在新华宫举枪行敬礼；

十、各省及特别行政区域与驻外使馆自接电之日起，于公共处所由长官率同僚属设案望祭凡七日；

十一、出殡之日鸣炮一百零一响，官署、民间均辍乐一日。京师学校均于是日辍课（凡国民追悼之日亦一律辍乐辍课）；

十二、新华公府门置黑边素纸签名簿二本（一备外交团签名用；一备中外官绅签名用）；

十三、军队分班至新华门举枪致敬。

此外，还拟订了《前大总统大丧典礼奠祭事项》八条：

一、每日谒奠礼节均着大礼服（不佩勋章），左臂缠黑纱，脱帽三鞠躬；

二、祭品用蔬果酒馔按日于上午十时前陈设；

三、在京文武各机关及附属各机关，每日各派四员，由各该长官率领于上午九时三十分齐集公府景福门外，十时敬诣灵筵前分班行礼；

四、单内未列各机关，有愿加入者，可随时赴府知照，亦于每日分班行礼；

五、外省来京大员暨京外员绅谒奠者，可随时赴府签名，于每日各机关行礼时，另班行礼；

六、外宾及蒙藏回王公等谒奠者，即由外交部蒙藏院不拘时日，先期赴府知照，届时，仍由外交部蒙藏院派员接待导往灵筵前行礼；

七、清室派员吊祭时，应由特派接待员接待；

八、除各机关每日谒奠外，其各机关中如另有公祭者，先期一日赴府知照，另班上祭。

袁世凯国葬丧仪的制定，为编纂相关法律提供了实践经验。1916年12月19日，中华民国第一部《国葬法》正式颁布实施。

龙袍

袁世凯洪宪称帝时，曾为自己做过一身宽大的紫红色镶珍珠金线九龙袍。帝制失败后，这件龙袍就锁在了衣库里。袁死时，身体浮肿，其他衣服无法套进去，家人就想起了这件龙袍。不过，能不能穿则必须请示黎元洪、段祺瑞和徐世昌。谁知这几个人竟然没有丝毫犹豫便同意了，于是袁世凯就穿着自己的龙袍入殓了。

停灵

袁世凯的灵柩要在中南海怀仁堂停留21天，之后运往彰德洹上村安葬。怀仁堂门前，立起一座用素花搭起的牌坊，各界送来的祭幛、挽联、花圈摆满了牌坊两侧。怀仁堂内，袁世凯妻妾和子女半跪半坐地守在灵柩两侧，轮流守灵，不得回房。

追悼

6月28日，前大总统袁世凯追悼仪式在中南海怀仁堂举行，黎元洪总统亲诣灵堂。英、美、俄、日、奥、法等13国公使及使馆官员，亦准时列队参加追悼仪式。按照当时的《政府公报》记载，黎元洪参加追悼仪式的礼节如下：

大总统就行礼位，众皆起立，赞引官恭导大总统至行礼位前。赞：就位，大总统就位。乐作。赞礼官赞：鞠躬、再鞠躬、三鞠躬。大总统三鞠躬，赞：奠帛。司帛官进帛，大总统受帛，拱举，授司帛官奠于案。退。通赞官赞：展祭文。读祭文官一人，展祭文官二人进，立案东北向展祭文，赞：读祭文。读祭文官读文毕，卷讫置于口口。退。赞引官赞：鞠躬。大总统一鞠躬，赞：祭酒。司爵官进爵。大总统祭酒三爵（每祭皆以空爵授司爵官反奠旋几）毕，司爵官退。赞引官赞：鞠躬、再鞠躬、三鞠躬。大总统三鞠躬，通赞官赞：送燎。读祭文官捧祭文，司帛爵官捧帛酒送燎，由中路出，赞引官引大总统转立东旁西向俟过毕，赞官赞：礼毕。赞引官引大总统先退，乐止，众就座如前，乐再作。

随后，各国公使依次率随员诣灵前行礼。据时任美国公使芮恩施回忆："我们站起来，每个人依次在袁的灵枢台前放一个大花圈，并按照中国通常的最高礼仪行三鞠躬，然后回到原来的位置。继外交官之后，前来表示悼念的有国务卿和其他中国高级官员以及外国顾问。"

出殡

追悼会后，出殡仪式开始。灵枢由宝光门出，经中海西岸、仁曜门、丰泽园门、南海西岸往新华门。等候在此的黎元洪向灵枢一鞠躬，然后离开。灵枢出新华门左行向东，经金水桥，往火车站方向而去。沿途早已黄土铺街、清水净街，两侧围观的群众人山人海。据芮恩施回忆：安放袁氏遗体的大灵枢台由100名男人用交错在一起的杆子抬着。灵枢台的上面覆盖着有金线刺绣的深红色的绸子；它的帝王的光辉着重说明了这个事件的悲剧性质。沿用了中国送葬的一些旧的习惯做法，如将钱币形状的纸片撒投入空中。有20个人骑着马在送葬行列前面领路，接着跟在后面的是人数众多的三列倒背着枪弹步兵队。每两个队列之间有一个军乐队。跟在步兵之后的是中国乐师，他们用笛子悠扬地吹奏着悲哀的曲调。接着是送葬行列中最引人注目的好看的部分——一大队骑兵身穿中国古装、扛着大旗、长三角旗和五彩缤纷的飘带，当这些旗子和飘带在空中优美地飘动时，形成了一派迷人

袁世凯葬礼

的景象。中国人有用旗子产生眼花缭乱效果的天才。接着是护送一辆空的御用马车的手执长矛的骑兵；敲鼓打镲的和尚；总统的乐队；长长的几排人抬着殉葬的器皿和安放袁氏的灵牌的轿子；接着还有几排人抬着食物祭品、袁氏的个人生活的纪念品，以及所有在前两天追悼仪式上送的花圈；接着是步行的高级官员，身穿军服或礼服，看来，这时穿大礼服和戴大礼帽确实与整个气氛不大协调。一群身穿白衣的送葬者走在灵柩的前面；袁世凯的儿子们在一顶白布篷下面走着，袁克定走在正当中。

墓葬

　　袁世凯的墓地位于离洹上村东北不远的太平庄，其灵柩抵达彰德时，墓地尚未竣工。袁家人决定让死者入土为安，故于当年9月21日安葬。袁世凯墓地直到1918年6月才告完工。

　　袁世凯墓地官方名称为"袁公林"，占地面积138亩，以神道为中

袁世凯墓地

轴，南门入口为一座巨大的绿琉璃瓦顶牌楼，前行左右为对称摆放的石像生。前有碑亭一座，内有龙头碑，上有徐世昌手书"大总统袁公世凯之墓"九字。过碑亭后，进入飨堂院，正面即景仁堂。景仁堂后有并排三座高大铁门，铁门后有石供桌，供桌后就是墓庐。

安葬时，先将灵柩抬至墓内石室。等到晚上吉时到，才将灵柩安放在墓穴正中石座上。袁世凯长子袁克定与家属向灵柩行礼。

袁世凯的葬礼由北洋政府拨款50万筹办，但由于规模过大，不敷使用。于是徐世昌、段祺瑞、王士珍等发起捐款，在北洋官员内筹得25万，才勉强将袁世凯的丧葬礼办完。

三、黎元洪的国葬礼

黎元洪（1864—1928），字宋卿，湖北黄陂人。1911年10月武昌起义爆发后，被推举为湖北军政府大都督。中华民国成立后，他两次就任大总统，三次任副总统，是中国近代史上非常重要的一位政治家。

1928年5月25日，天津空气闷热，没有一丝风。英租界赛马场正在进行紧张刺激的比赛，黎元洪与如夫人黎本危坐在贵宾包厢里目不转睛地看着自己押注的马，嘴里不断喊着"加油、加油"。突然，黎元洪身体一歪，跌坐在包厢的沙发椅上，不省人事。黎本危一看，大叫不好。身边仆从见状，早已奔上前去。众人七手八脚把黎元洪弄上汽车，司机不待众人坐稳，急驶向离赛马场最近的英租界维多利亚医院。

经医生诊断，是高血压症突发导致脑溢血，并向家属下发了病危通知。黎家请来屈桂庭、关锡庭、梁宝鉴等名医会诊，均束手无策。6月3日晚10时，黎元洪逝世，终年64岁。黎家遵照黎元洪意愿，通电发表其遗嘱。

遗嘱内容共十项：

一、国民于济案，应以沉毅态度，求外交正义之解决，不得有轨外行动；

二、从速召集国民大会，解决时局纠纷；

三、实行垦殖政策，化兵为农工，勿使袍泽流离失所；

四、调剂劳资，应适应全民心理与世界经济趋势，统筹兼顾，制定详实法规，行之以渐，毋率尔破坏社会组织及家庭制度，俾免各趋极端，庶共产萌芽无从发现；

五、振兴实业，以法律保障人民权利；

六、正德、利用、厚生，不可偏废。毋忘数千年立国之根本精神、道德礼教，常较物质文明尤为注重；

七、革命为迫不得已之事，但愿一劳永逸，俾国民得以早日休养生息，恢复元气；

八、参酌近今中外情况，以应采用国家社会主义，毋遂思废除国界，为列强所利用；

九、早定政治方针与教育宗旨，以法治范围全国，应持中至当，可大可久，毋以偏激，旷滋流弊；

十、民元以来，凡无抵触国体之创制，应仍旧保存，请勿轻议纷更。

遗嘱最后说，"此外，立国大端，未能遍举。想我识时俊杰，必能度越前人。所幸南北宗旨既已相同，争执系无意义，尤在立时罢兵，化除畛域，共谋统一和平之实现，则外交困难自解，国民痛苦自除，元洪死亦瞑目。此则实望我同志同胞共相策励者也。"

这是一份政治遗嘱。黎元洪对国家之爱，殷殷可鉴。此外，另嘱家属子女："丧葬从简，戒诸子潜心从事生产实业，毋问政治。"

1928年6月26日，南京国民政府内政部长薛笃弼公布黎元洪优恤令细则，主要内容为：举行国葬；国葬费一万元（实际大大超过此数）；修建专墓；葬期由国府派员致祭。《国葬法》是在黎元洪第一次任大总统期间颁布的，南京政府此时亦是依据该法办理国葬。对黎元洪来说，可谓自己栽树，自己乘凉。

黎元洪的国葬过程，从1928年开始，到1935年结束，长达七年。主要分天津入殓发丧；北京北海追悼；武昌佛寺暂厝；南土宫山下葬四步。

天津入殓发丧。6月4日下午2时，黎宅一层大厅内布置得庄重肃穆，家人身着孝服，强忍失去亲人的哀伤。黎元洪的遗体安放在一尊黑漆楠木棺内，只见他身着生前大总统礼服，佩指挥刀，胸前佩总统金牌。按照传统习俗，家人在其背垫金币七枚，两手各执银元宝一

黎元洪二子参加其父国葬

锭，身上覆盖衾褥。棺内还置炭屑、灯草、雄黄等防腐物品。6月5日，黎家送三。送三，丧礼习俗，就是孝家到土地庙，送别亡灵去西天极乐世界。这一天，确定7月16—18日开吊三天，19日出殡。

16日，黎宅大厅设灵堂，四周摆满社会各界人士敬送的挽联、花圈。黎生前老友章炳麟发来唁电和挽联。

唁电云：

闻大总统仙逝，天崩地坼，薄海同悲。国之兴亡，大节自在。所望山河之气，仍虽不朝思雄有灵，犹能杀贼。

挽联云：

> 继大明太祖而兴，玉步未更，倭寇岂能干正统；
> 与五色国旗同尽，鼎湖一去，谯周从此是元勋！

与"五色国旗同尽"说的就是黎元洪去世那天正好是北洋政府倒闭之时，可谓历史之巧合。

熊希龄的唁电云：

灵举将驾，待安窀穸。瞻望唏嘘，曷胜呜咽？徒以病后颓唐，未能躬亲执绋。恨戚之怀，中藏永矢。

阎锡山的唁电云：

兹值统一之时，遽弃国人而逝，追维前烈，薄海同悲。锡山卫戍平津，仪型不远伫瞻折木，悼喟何如？本拟兔趋，藉伸鹤吊。适有采薪之感，不克亲临莫醊。特派李庆芳代表致祭，用表忱悃。

16日，天津市各机关下半旗致哀。上午10时，天津市长南桂馨作为国民政府代表前往黎宅致祭。

17日上午9时，老对手段祺瑞亲临黎宅致祭。

18日，蒋介石代表蒋作宾、阎锡山代表李庆芳、李宗仁代表方本仁，以及警备司令傅作义，河北省主席商震，前往致祭。

19日上午8时出殡。灵柩抬上特制的灵车后，出殡队伍起行。走在队伍最前面的，是三个连的天津警备队警察，他们负责办理通行英日法等租界的手续。灵车两边，是黎元洪子女及亲故50余人。11时，灵车抵达日租界别墅，黎元洪灵柩在此停放待葬。

北京北海追悼。10月中旬，蒋介石、冯玉祥、阎锡山、李宗仁、白崇禧、李济深以及王士珍、商震联名发布通电，决定10月26—28日三天在北京北海天王殿举行黎元洪追悼会。追悼会于26日早8时举行，北海公园门前新扎一座牌楼，上有"薄海同凄"四个黑字。天王殿门口缀满白色素花，中间有"名垂千古"四字，左右各书"首义""护国"。会场中悬黎元洪巨幅遗像，像前摆满祭祀用的贡果、点心，香火缭绕，四周布满各界敬送的花圈。军乐队两旁站立，致祭时军乐奏起，鸣礼炮12响。黎元洪次子黎绍业、长女黎绍芬在场答谢。9时30分，卫戍部队及各地军界开始致祭，朱绶光代表阎锡山主祭，张荫梧、陈调元等参加。11时，由国民政府代表周震麟致祭。下午3时，驻京外国公使团致祭。27日，学界和各政党致祭。28日，北京各政府机关致祭。当时中国的政要蒋介石等致挽联如下：

蒋介石挽联：

明天不慭遗一老，期人自彪炳千秋。

国民政府挽联：

大业后黄炎，民族辉光彪历史；
义师起江汉，寰区底定溯元勋。

白崇禧挽联：

素简千秋，高标尊义；
生刍一束，薄尊元勋。

王士珍挽联：

惟大英雄能变时局，是真道德必重民彝。

段祺瑞挽联：

尚留黄扎忧当世，同为苍生情此人。

谭延闿挽联：

夷险一节，以爱国为心，垂死病中犹苦语；
艰危屡吏，赖我公相拯，难望台下接深谈。

阎锡山挽联：

鄂渚诞英豪，崛起义师，玄甲朱旗光薄海；
析津潜德望，追维往烈，椎轮大辂重先河。

武昌佛寺暂厝。1930年，黎夫人吴敬君病逝。按其遗愿和家属要求，确定与黎元洪合葬于武昌。1933年，国民政府将黎氏夫妇灵枢由天津迁往武昌，黎元洪二子黎绍基、黎绍业亲扶灵枢，一路相伴。湖北省政府官员和社会各界人士，列队两旁，隆重地将灵枢请上武昌洪山宝通寺法界宫的藏经石库内暂厝，并派军人负责看守保护。之后，于武昌卓刀泉南土宫山选定葬地，1935年，黎元洪墓竣工。

南土宫山下葬。1935年11月24日，黎元洪国葬大典之日。这天，全国下半旗，停止娱乐活动一天。黎元洪长子绍基、次子绍业、长女绍芬、次女绍芳等自津来汉参与典礼。各界参加送葬的来宾，有国民政府主席林森的代表李书城，行政院的代表贾士毅等政府高官以及英、日、法、美等各国驻汉领事，各团体、学校、伤兵、民众等共达5万余人。

宝通寺门前牌楼上书"黎前大总统国葬启灵处"，启灵祭堂设在法界宫停枢处。灵龛正面高悬黎元洪巨幅遗像，上有国民政府主席林森亲书的"民国元勋"四个大字。四周各界政要名流送来的挽联达数千幅，其中，居正的挽联是：

> 奠定河山，出为霖雨；
> 炳灵江汉，上应星辰。

孔祥熙的挽联是：

> 秉三民策略，崛起湖湘，运会启金瓯，牧野鹰扬光大业；
> 集五族衣冠，奉安丰沛，风云护华表，辽天鹤去有遗思。

何应钦的挽联是：

> 首义拥旌旄，墓路肇兴溯开国；
> 归葬安体魄，漆灯不灭识佳城。

李宗仁的挽联是：

> 党国重酬庸，汉水楚山，遥见元勋隆奠礼；
> 馨香贻祀典，报功崇德，怆怀先烈动哀思。

上午10时，各界人士五万余人齐集洪山举行公祭，军乐队高奏哀乐。李书城作为国民政府主席林森的代表主祭，祭文云：

维中华民国二十四年十一月二十四日，国民政府主席林森特派湖北省政府委员李书城，敬荐馨香，致祭于黎前大总统之灵曰：呜呼！两仪正气，海岳英云。郁数十年，闳杰挺生。洸洸江汉，南国之纪。

湛惟我公，应运而起。雷雨艰屯，风云翕集。汉帜斯张，百城风霖。
奉迎先觉，大业不居。荆襄坐镇，遐迩瞻仰。国位蜩螗，元黄再黩。
执德不回，允膺天禄。惟公德重，险夷一致。拨乱反正，辛申大义。
再执魁柄，宽裕温柔。视民如伤，仁泽滂流。轩鼎升遐，于兹八祀。
中外归仁，讴恩未已。范金铸像，坠泪遗碑。庇民扶国，陟降在兹。
业昭炎黄，勋重民族。垂德报功，典宜优渥。楚云蓊郁，汉树青葱。
佳城式奠，今肉何穹。尚飨！

祭毕，鸣礼炮19响。随后移灵枢往南土宫山墓地安葬。

下午3时整，国葬典礼在101响礼炮声中开始。李书城依然代表国
民政府主祭，中央各部、院、会、各省代表和外宾陪祭。礼毕，扶灵
枢入墓穴，将黎氏夫妇合葬。全体执绋人员行三鞠躬礼后，在哀乐声
中依次告退，至此国葬典礼告成。

黎元洪之墓

黎氏安葬后，其墓地工程还在继续进行。不久，坟前竖起了由章太炎撰文，李书源手书的墓碑。整个墓园占地近百亩，直到1938年武汉沦陷时仍未竣工。

1966年9月，黎元洪墓在"文化大革命"中被毁，黎氏夫妇的骨灰失踪。1981年，重新修建，但不久坍塌。1985年，武汉市政府拨款三修黎元洪墓。

2010年，武汉市政府为纪念辛亥革命百年，耗资2800万元四修黎元洪墓地。黎元洪墓地坐落于华中师范大学东南角，墓园为12亩。墓园门前的牌坊上书"共和磐石"四个大字，拾级而上，见一高十米的水磨石墓碑，上书"大总统黎元洪墓"七字。墓后的一面碑墙上镌刻着黎元洪的生平事迹。

百年之中，黎墓两毁四修，希望这一次，首义元勋黎元洪可以安眠于此，不再被打扰。

四、肯尼迪的国葬礼

1963年11月22日12时30分30秒，星期五，美国第35任总统约翰·肯尼迪在得克萨斯州的达拉斯市遭暗杀身亡。事件发生后，肯尼迪的遗体在最短的时间内通过空军一号总统专机被运回首都华盛顿。在飞机上，副总统林登·约翰逊宣誓就任美国总统。

筹备

由于事发突然，加之肯尼迪总统生前并无葬礼预案，军方立即着手筹备其国葬事宜。陆军少将、华盛顿军事区总司令官菲利普·威乐和退役陆军上校、华盛顿军事区典礼和重大活动主任保罗·米勒负责策划国葬仪式。需要特别指出的是，菲利普·威乐在肯尼迪葬礼后，在一年内还先后策划了胡佛总统和五星将军麦克阿瑟的葬礼。

白宫发言人宣布，肯尼迪总统的遗体在贝蒂斯海军医院解剖后，星期六将运回白宫东厅停放一天，星期日送往国会圆形大厅停放一天。继任总统林登·约翰逊通过电台向全国宣布星期一为全国哀悼日。

入殓

肯尼迪总统的遗体在贝蒂斯海军医院进行解剖后，来自华盛顿特区高乐殡仪馆的美容师为其做了遗体防腐、美容和整形。通常这些工作都是在殡仪馆进行的，但这次则选择在医院操作。之后，遗体被抬入一尊用五百年非洲红木制作的棺材里。本来，肯尼迪的遗体是用一尊铜棺从达拉斯运来的，可惜在运输途中铜棺的把手和装饰物遭受了不同程度的损坏，不得已才换了一尊新棺。

停灵

肯尼迪总统的灵柩在白宫东厅停灵24小时。1963年11月23日凌晨4时30分，星期六，肯尼迪的遗体在总统车队护送下抵达白宫，一名海军陆战队仪仗队士兵在此迎接。美国有陆军、海军、海军陆战队、空军和海岸警卫队等军种，它们各有其独立的仪仗队，并在首都华盛顿特区驻扎，代表美国总统，参与各种国家典礼和仪式。仪仗队士兵引领车队来到白宫北门廊。白宫建于1790年，1800年11月1日竣工，但当时并没有北门廊。北门廊是1830年加盖的，今天我们在白宫标识图片上看到的有四根高廊柱的地方，就是北门廊。从北门廊进入白宫后左转，就是东厅。东厅是白宫面积最大的房间，是总统举办新闻发布会、仪式、宴会的地方。肯尼迪灵柩被安放在东厅中央，木棺前面摆放着一大束鲜花，木棺上覆盖着美国国旗。木棺外围四角各立一个高蜡台，上有巨形白色蜡烛。每个蜡台旁都有一位荷枪肃立的士兵。灵柩安放后，肯尼迪总统遗孀杰奎琳·肯尼迪发表讲话，宣布肯尼迪总

美国总统约翰·肯尼迪的灵柩在白宫东厅内停灵

统的棺木在停灵、瞻仰和葬礼期间不会开启。美国天主教大学的两名著名牧师奉命前来守灵。

上午10时30分，牧师为肯尼迪总统举行弥撒。之后，前总统杜鲁门、艾森豪威尔等重量级人物与至亲好友前来悼念。胡佛总统由于病重，派其子小赫伯特·胡佛前来致哀。

瞻仰

11月24日，星期日，肯尼迪总统灵柩由马拉炮车驮运，经宾夕法尼亚大街一路来到国会圆形大厅，沿途致哀群众达30万人。灵柩由美国仪仗队士兵抬入圆形大厅，并将其安放在"林肯灵柩台"上。"林肯灵柩台"造于1865年，曾安放过林肯总统的灵柩。此灵柩台用松木制成，外面罩有黑布。虽然经过改造以适应肯尼迪棺木的尺寸，但它基本上还是当年林肯灵柩用过的那个。灵柩台长2.16米，宽0.76米，高0.61米。覆盖在上面的黑布虽然多次更换，但风格还是林肯时代的。

安放好肯尼迪灵柩后，仪仗队士兵按位站立，继任总统林登·约翰逊代表美国政府上前敬献花圈。肯尼迪遗孀和女儿跪在棺木旁。小肯尼迪当时只有三岁，还是玩闹的阶段。家人怕其打扰仪式的正常举行，没有让他进入圆形大厅。

瞻仰

在长达18小时的公开瞻仰期间，多达25万人顶着接近冰点的寒风，排队向肯尼迪总统致哀告别。瞻仰的队伍绵延达10英里，长近40个街区，一些人甚至等待了10个小时。

葬礼

葬礼前，肯尼迪遗孀杰奎琳·肯尼迪向负责葬礼的军方提出两个要求，一是葬礼队伍用海军陆战队乐队；二是请9名苏格兰皇家高地警卫团的风笛手演奏、24名爱尔兰军校学员在墓地旁负责静默仪式。海军陆战队乐队被视为美国总统的"私人乐队"，成立于1798年7月11日，也是美国最早的军乐团。苏格兰皇家高地警卫团的历史可以追溯到1667年，它的士兵身穿皇家斯图尔特苏格兰格子呢。行军时，由风笛手和鼓手组成乐队演奏军乐，鼓舞士气。至于邀请24名爱尔兰军校学员，则是因为肯尼迪家族来自爱尔兰，是爱尔兰人的后裔；而且在其遇刺5个月前，肯尼迪总统于都柏林曾经亲眼见证过这些学员的静默仪式，并给他留下深刻印象。

葬礼的路线是从国会圆形大厅出发，先到白宫，再前往位于华盛顿市中心的圣马修罗马天主教大教堂，最后安葬于阿灵顿国家公墓。沿途驻足致哀的群众多达百万。美国三大广播公司通过电视向全美国的人民直播了葬礼的全过程。

11月25日上午10时50分，星期一，肯尼迪总统的灵舆离开国会大厦。11时整，送殡队伍出发。灵舆抵达白宫东北门时，由一排海军陆战队士兵引领来到白宫北门廊。在那里，送殡队伍由肯尼迪总统的遗孀杰奎琳·肯尼迪以及肯尼迪总统的兄弟大法官罗伯特·肯尼迪和马萨诸塞州参议员泰德·肯尼迪引领，步行到圣马修罗马天主教大教堂。该教堂是肯尼迪夫妇做弥撒的地方，送殡队伍所走的路也是肯尼迪夫妇常走的路。肯尼迪总统的两个孩子坐在灵舆后的轿车里，其他亲属则先期抵达大教堂等待。

继任总统林登·约翰逊及其夫人和两个女儿也走在送殡的队伍里。出于安全考虑，身边幕僚不同意林登·约翰逊亲自参加送殡。他也说："参加步行送殡是我最难下的一个决定。"美国著名作家莫勒·米勒评论林登·约翰逊道："但这是他能够做、应该做、想要做，而且做了的一个决定。"杰奎琳·肯尼迪对林登·约翰逊一家能够步行送葬非常感动，第二天还特意写信致谢。

包括法国总统戴高乐将军在内的220位外国政要参加了送殡步行仪式，安保工作非常艰巨。美国国务卿乔治·鲍尔负责在国务院指挥安全工作，使葬礼全程得以万无一失。

美国全国广播公司（NBC）利用卫星向23个国家直播了葬礼全程，甚至当时的苏联也能收看到。

这天正好是小肯尼迪三岁的生日，杰奎琳·肯尼迪将儿子的生日庆祝会推迟到12月5日举办，那天也是肯尼迪一家在白宫的最后一天。

1200名贵宾受邀进入圣马修罗马天主教大教堂参加肯尼迪总统的弥撒仪式。肯尼迪家族的老朋友，波士顿大主教理查德·卡迪诺·库欣主持弥撒。库欣是肯尼迪总统夫妇1953年结婚时的证婚人，曾为他们的两个孩子洗礼，并在总统就职仪式上祈祷。应杰奎琳·肯尼迪的要求，安魂弥撒用的是小弥撒，即无奏乐无唱诗班。大弥撒则相反。

由于当时安魂小弥撒没有正式的颂文，来自华盛顿的辅助主教菲利普·哈南决定选读肯尼迪总统的文章和演讲稿，还有《旧约传道书》第三章的一段话：凡事皆有时，生有时，死有时；爱有时，恨有时；战有时，和有时。杰奎琳·肯尼迪邀请波士顿男高音歌唱家陆基·维纳在教堂演唱法国作曲家比才的《上帝的羔羊》（比才是歌剧《卡门》的作者），这位歌唱家曾在肯尼迪夫妇的婚礼上受邀演唱过。不过，维纳实际演唱的是《安魂曲》和舒伯特的《圣母颂》。

小肯尼迪举起右手向父亲的灵柩敬礼。戴黑纱面巾者为肯尼迪夫人凯瑟琳·肯尼迪；站在她右手边的是卡洛琳·肯尼迪；后右为肯尼迪总统的弟弟大法官罗伯特·肯尼迪；后左为肯尼迪总统最小的弟弟参议员泰德·肯尼迪

葬礼

肯尼迪灵柩从教堂出来后，杰奎琳·肯尼迪对儿子小肯尼迪耳语了几句，小肯尼迪举起右手向父亲的灵柩敬礼。这一幕被摄影家斯丹·世德恩斯捕捉到了，这张小肯尼迪敬礼的照片成为60年代的经典。美国的习俗认为儿童不适合参加墓葬，所以小肯尼迪就在此向父亲告别了。

参加墓葬的贵宾搭乘黑色豪华轿车前往阿灵顿国家公墓。由于车队过长，以至于头车已经进入墓地，最后一辆还在大教堂那里没有出发。每辆车的左右两侧都有安全人员保护，法国总统戴高乐的专车竟有10名保安，是人数最多的。

肯尼迪的墓地位于阿灵顿宫的山腰上，面积21.16平方米。从墓地可以看到林肯纪念堂和华盛顿纪念碑，而且这三个建筑在一条直线上。墓葬结束时，杰奎琳·肯尼迪点燃了"永恒之火"，即墓地上不灭的火焰。

这个墓地仅是临时的，作为总统，肯尼迪需要一座永久的墓地。11月28日，星期三，肯尼迪家族的朋友沃纳科在杰奎琳·肯尼迪和大法官罗伯特·肯尼迪的陪同下来到墓地致哀，几人还在一起讨论建设永久墓地的计划。第二天，即11月29日，杰奎琳·肯尼迪指定沃纳科为肯尼迪总统墓地的设计师。12月5日，美国政府批准扩大现有墓地面积为3英亩。一年后，1964年11月13日，沃纳科的设计方案得到肯尼迪家人和美国国防部的批准。

1967年3月14日晚，阿灵顿公墓停止对外参观后，肯尼迪总统的遗体重新安葬于新建成的墓地。重新安葬的消息没有事先公布，见证人有刚当选参议员的罗伯特·肯尼迪、参议员爱德华·肯尼迪和大主教理查德·库欣。挖掘工作从晚6时19分开始，直到晚9时结束。

3月15日早7时，新墓地的献祭仪式开始，总统林登·约翰逊、杰奎琳·肯尼迪与肯尼迪家族成员参加了仪式。献祭就是追悼逝者，愿其与神同在。大主教理查德·库欣主持了献祭。当天，肯尼迪总统的墓地对外开放。

1994年，肯尼迪总统遗孀杰奎琳·肯尼迪因癌症去世亦葬于此。葬于此处的肯尼迪家族成员还有1968年被暗杀的参议员罗伯特·肯尼迪、2009年因脑癌去世的参议员爱德华·肯尼迪。

五、贝隆夫人的葬礼

贝隆夫人，全名艾薇塔·贝隆，人们昵称其为伊娃。1919年，伊娃生于阿根廷罗斯图尔多斯的乡村，家中有兄妹五人，她年纪最小。

贝隆夫人

15岁时，伊娃来到首都布宜诺斯艾利斯开始从事演艺事业。1944年，在一次为地震受难者举办的慈善晚会上，伊娃遇见了贝隆上校，并与其坠入爱河。1945年，两人结婚，伊娃是贝隆上校的第二任妻子，即贝隆夫人。1946年，贝隆当选阿根廷总统，伊娃成为阿根廷第一夫人。在贝隆竞选总统期间，伊娃强调自己的贫困出身，为贝隆赢得了底层人民的信任和支持。在贝隆任总统期间，贝隆夫人努力为劳工争取权利，并出任劳工和健康部长。1951年，贝隆夫人竞选副总统，获得了广大劳工的支持，但由于军方的反对和自己身体健康的原因，她最终放弃了竞选。1952年，阿根廷国会授予贝隆夫人"国家精神领袖"的称号。不久，年仅33岁的贝隆夫人因癌症辞世，阿根廷政府给予其国葬待遇。

逝世

贝隆夫人罹患宫颈癌。虽然已经请美国外科医生做了子宫切除术，但癌症病魔并没有放弃折磨贝隆夫人。到1952年6月，她瘦得仅剩36公斤。7月26日上午8时25分，贝隆夫人逝世。这一消息通过广播迅速传遍全国，阿根廷人无比悲痛。阿根廷境内的所有活动和会议中止，电影中断播出，饭店关门并贴上守护神的画像。政府决定给予贝隆夫人国葬礼遇和全部天主教安魂弥撒仪式。

哀悼

贝隆夫人去世后，阿根廷全国降半旗10天，政府机关停止各种活动2天。总统官邸外，前来向贝隆夫人告别的群众越来越多，以至于每个方向都挤满了10个街区的人。贝隆夫人的遗体向劳工部大楼转移的过程中，八人死于过度拥挤。一天之内，有2000人因为试图接近贝隆夫人的遗体而受伤入院。

布宜诺斯艾利斯的街道上摆满层层鲜花。贝隆夫人逝世的当天，布宜诺斯艾利斯市内所有花店的鲜花都告售罄。

阿根廷人对贝隆夫人的热爱和狂热哀悼，各界有不同的解读。一些记者认为所有的感情都是真实的；另一些则将其看做是对贝隆王国的屈服。美国时代杂志说："阿根廷电台每天都强制进行五分钟哀悼，然后才播出节目。"

遗体

贝隆夫人去世的当晚，来自西班牙马德里的解剖学教授佩祖·阿拉博士受邀为其遗体做防腐处理。阿拉博士用甘油处理遗体。甘油能够使包括大脑在内的所有器官得到保存，甚至可以还原死者生前的容貌，使遗体看起来像是睡着了那样。

贝隆夫人去世不久，政府决定为其建筑一座纪念堂，雕像是一个男性，代表劳工阶层，预计的规模大过自由女神像。贝隆夫人的遗体将存放在雕像下面。

在纪念堂建造过程中，贝隆夫人的遗体摆放于她生前的办公室长达两年时间。1955年，在纪念堂竣工前，贝隆先生的统治被军人推翻，他本人则逃离阿根廷，临行时未能带走贝隆夫人的遗体。

军人独裁政权统治阿根廷后，贝隆夫人的遗体从她的办公室撤走。从1955年到1971年，在长达16年的时间里，贝隆夫人的遗体去向不明。这期间，阿根廷人禁止私藏贝隆夫妇的画像，甚至不能提起他们夫妻二人的名字。

1971年，军方披露贝隆夫人的遗体埋在意大利米兰的一个墓地内，用的名字是"玛利亚·麦基"。同年，贝隆夫人的遗体被挖出并运到西班牙。逃亡到西班牙的贝隆先生和他第三任妻子伊莎贝尔·贝隆决定在家里保存贝隆夫人的遗体。

1973年，贝隆先生结束逃亡生涯，返回阿根廷，第三次成为总统，伊莎贝尔·贝隆当选副总统。1974年，贝隆先生逝世，伊莎贝尔继任总统，成为西半球第一位女总统。伊莎贝尔将贝隆夫人的遗体运回阿根廷，并将其摆放在贝隆先生遗体旁。

阿根廷100比索纸币上的贝隆夫人像。贝隆夫人是阿根廷历史上第一位也是唯一一位肖像印在纸币上的女性

墓地

贝隆夫人的墓地位于布宜诺斯艾利斯市的雷克勒塔区，很多阿根廷的名人都安葬于此，包括多位阿根廷总统、诺贝尔奖得主、著名演员、拿破仑的孙女等等。当然，所有这些人中，最著名的就是贝隆夫人。直到今天，前来瞻仰贝隆夫人墓地的人都络绎不绝，不过，她的遗体能够安葬于此也经历过不小的波折。

事情是这样的。贝隆夫人本姓杜爱提，她的生父是当地富户。由于母亲与父亲并无婚约，杜爱提家族并不接受两人所生的包括伊娃——贝隆夫人在内的五个子女。贝隆夫人的遗体运回国内后，杜爱提家族不同意其葬在家族墓地。贝隆总统异常恼怒，甚至扬言用坦克铲平墓地，杜爱提家族这才答应贝隆夫人归葬。

杜爱提家族的墓园外观是黑色大理石罩面，中间有精铜墓门，门上有"杜爱提家族"字样。大门两侧有13个刻有头像和名字的铜牌，贝隆夫人的铜牌在右手从上数第三个。铜牌上刻有贝隆夫人逝世的日期、她的头像、她的名字伊娃·贝隆以及若干文字简介。